MANUEL

DES

PRÉFETS ET SOUS-PRÉFETS.

MANUEL

DES

PRÉFETS ET SOUS-PRÉFETS,

Par M. V. DES AUBIERS,

ANCIEN PRÉFET,

CHEVALIER DES ORDRES DE LA LÉGION D'HONNEUR ET DE BELGIQUE.

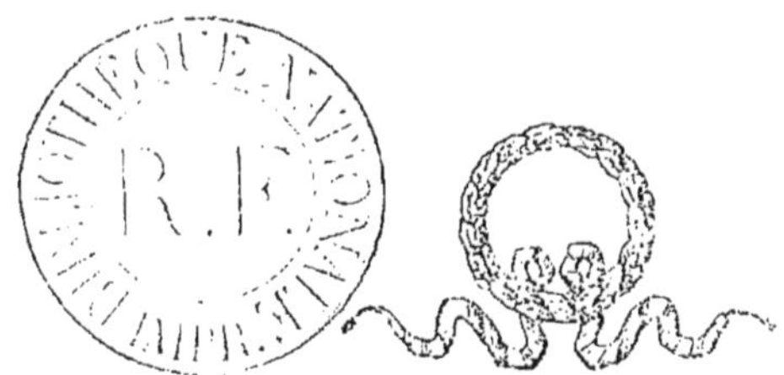

2e ÉDITION.

Prix : CINQ FRANCS.

PARIS,

IMPRIMERIE DE PAUL DUPONT,
Rue de Grenelle-Saint-Honoré, 45.

1852

PRÉFACE.

Ce livre est le fruit de quinze ans de méditations.
Il est le seul qui ait paru sur la matière.

Il a pour but de faire connaître aux hommes qui se destinent à la carrière administrative les devoirs que l'administration impose, les écueils qu'elle rencontre, les conditions auxquelles on devient un administrateur :

La première édition avait été publiée sous la monarchie ; elle a été épuisée sous la république.

Aujourd'hui, j'en publie une seconde pour satisfaire aux nombreuses demandes qui sont parvenues à la Librairie administrative.

J'y suis encouragé par les suffrages d'hommes éminents dont l'approbation m'est chère, et dont je conserve précieusement les lettres.

Qu'ils me permettent de leur adresser ici publiquement mes remercîments.

MANUEL

DES

PRÉFETS ET SOUS-PRÉFETS.

PREMIÈRE PARTIE.

CHAPITRE PREMIER.

DES PRÉFETS.

En France, un préfet administre un département, c'est-à-dire une portion importante de la France, au nom du chef de l'État.

Il a pour mission de le représenter; il a pour premier devoir de faire respecter l'autorité au péril même de sa vie.

Le Gouvernement est comme personnifié en sa personne : faible, s'il s'affaiblit; fort et énergique, s'il montre de la force et de l'énergie.

Les fonctions de préfet sont, dans la hiérarchie administrative, les plus hautes fonctions qui soient en France après celles de ministre.

Le préfet est le premier fonctionnaire du département, le sous-préfet, de l'arrondissement.

L'un et l'autre sont nommés par le pouvoir exécutif pour veiller à l'exécution des lois, au maintien de l'ordre, à la gestion des affaires du pays.

De là, deux rôles bien distincts : l'homme politique, l'administrateur.

Comme homme politique, le préfet est l'*œil* du Gouvernement; comme administrateur, il est le *centre* de tous les services. Toutes les autorités civiles, militaires, religieuses relèvent de lui. Il rend compte aux ministres de tout ce qui intéresse le Gouvernement, et il prend des arrêtés pour faire exécuter les lois, mais jamais pour les suspendre.

Tels sont les caractères généraux des fonctions de préfet.

Dès à présent, il est facile de voir que cette position n'est pas sans péril, et qu'il faut, pour l'occuper dignement, une haute intelligence des hommes et des affaires.

Maintenant, pénétrons plus avant dans tous les détails d'une préfecture ;

Voyons le préfet à son arrivée dans un département ;

Entrons avec lui dans son cabinet, quand il donne audience; dans son salon, quand il reçoit; avec ses chefs de bureau, quand il travaille ; suivons-le dans ses relations avec tous les fonctionnaires sous ses ordres. Voyons-le rendre compte de son administration au conseil général; présider le conseil de révision ; assister aux élections si souvent répétées de tous les corps délibérants; réprimer les émeutes ; et reconnaissons que pour faire face à toutes ces situations, que pour se montrer, sous ces aspects divers, toujours à la hauteur de sa mission, il faut plus qu'une capacité ordinaire, plus qu'un dévouement sans bornes ; il faut une réunion de qualités que la Providence n'accorde qu'à quelques hommes d'élite, et que la sagacité du Gouvernement doit s'appliquer à découvrir.

CHAPITRE II.

DE L'ARRIVÉE DU PRÉFET DANS UN DÉPARTEMENT.

Quand un préfet vient prendre possession de son département, son arrivée soulève bien souvent d'injustes préventions : s'il a le malheur, surtout, de succéder à un fonctionnaire déplacé ou destitué, il faut qu'il s'attende à voir le public prendre presque toujours parti pour son prédécesseur : le monde est ainsi fait !

L'homme du Gouvernement, qu'une indifférence à peu près complète accompagne souvent, tant qu'il est en fonctions, vient-il à tomber, qu'il est tout à coup l'objet des regrets universels ; quelquefois ces sympathies publiques sont la juste, mais tardive récompense de son zèle et de son talent ; mais quelquefois aussi c'est une manière, pour le public, de manifester son opposition au choix du nouvel élu !

Dans l'un comme dans l'autre cas, la position du successeur est d'abord difficile ; mais cette difficulté sera passagère, si le nouveau préfet sait éviter avec soin tout ce qui pourrait rappeler des souvenirs irritants ; et s'il ménage, en homme prudent, des susceptibilités qui peuvent être honorables, mais qui passeront vite et s'éteindront d'elles-mêmes avec le temps ; il peut y compter.

Maintenant, le public, qui n'a pas été consulté sur le choix du nouvel arrivant, n'exigera pas seulement de lui qu'il ait de bonnes et loyales intentions, des dispositions sincères à faire le bien du pays : il voudra surtout et avant tout *qu'il lui plaise*, sinon tout le bien qu'il voudra faire sera paralysé, et il arrivera même souvent qu'il échoue.

Qu'est-ce donc que cette qualité précieuse qui peut avoir une si grande influence sur les destinées d'un administrateur? Comment s'acquiert donc cet *art de plaire*, qui peut ramener à soi les esprits les plus prévenus, et opérer sur le public de si heureuses métamorphoses?

Chez certains hommes, c'est un don du ciel ; chez d'autres, c'est le fruit de l'étude, de l'observation, du calcul ; chez tous, c'est la première condition de l'administration, l'élément le plus indispensable du succès !

Il y a des préfets qui n'ont dû qu'à cette qualité de se maintenir dans leur position, d'y traverser les crises les plus difficiles, d'y surmonter les plus sérieuses difficultés ; il y en a d'autres, hommes d'un profond savoir, de beaucoup d'expérience et de beaucoup d'esprit, auxquels il n'a manqué qu'une chose pour réussir, une chose bien simple en apparence, bien difficile en réalité : *savoir se faire aimer !*

C'est que l'affection, comme la confiance, ne se commande pas, elle s'inspire ; c'est que les sympathies publiques ne naissent pas tout à coup, elles s'acquièrent ; c'est que c'est tout simplement une affaire de temps, de patience et de tact, et que c'est surtout à un préfet qui débute, qu'il faut dire : *sachez vouloir, et sachez attendre !*

En effet, les préventions les plus mal fondées ne tombent souvent pas devant les plus éclatantes renommées, et elles se dissipent quelquefois d'elles-mêmes devant l'affabilité des formes et la bienveillance des relations ! C'est de la politique appliquée aux petites choses ; mais pour qui connaît les grands effets produits par les petites causes, cette politique n'est pas à dédaigner. On serait si étonné si l'on savait à quoi tient souvent l'opposition qu'on rencontre, et quel motif puéril, en administration, peut faire d'un homme *un ami* ou *un ennemi* !

CHAPITRE III.

DE LA RÉCEPTION OFFICIELLE DES AUTORITÉS.

La première épreuve publique que le préfet doit subir à son arrivée, c'est celle des réceptions officielles.

Il y a des préfets qui ne s'en sont jamais relevés, il y en a d'autres qui ont été longtemps protégés par ces premières impressions.

Aux termes de l'article 15 et suivants de la section II du titre XVII du décret du 24 messidor an 12 sur les préséances, toutes les autorités qui ont rang après le préfet, doivent le visiter aussitôt après son arrivée.

Dans les vingt-quatre heures qui suivent, le préfet devra rendre cette visite à tous les chefs de corps.

S'il existe au chef-lieu du département des fonctionnaires tels qu'un lieutenant général, commandant une division militaire, un premier président de cour royale, ou toute autre autorité placée avant lui dans l'ordre des préséances (voir l'article 17), le préfet devra faire la première visite dans les vingt-quatre heures de son arrivée.

Cette visite lui sera rendue dans les vingt-quatre heures suivantes.

Voilà la loi : elle a été souvent l'objet de plaintes auxquelles il serait peut-être utile de faire droit, en la revisant complétement et en l'appropriant à notre époque; ce serait surtout un moyen de prévenir bien des conflits ; mais enfin le décret existe, et jusqu'à ce qu'il ait été abrogé, il faut s'y soumettre.

Maintenant, voici *l'usage*, qui a aussi droit au respect :

Ordinairement, le préfet donne avis officiel de son arrivée à la mairie : c'est une précaution qui a pour but de s'entendre réciproquement sur le jour des réceptions.

Ce jour-là, le préfet doit être revêtu de tous les insignes de ses fonctions ; son attitude devra être bienveillante et digne. Sans doute, il n'est pas donné à tout le monde d'avoir cette dignité de maintien et de langage qui est le partage de quelques hommes distingués.

Mais tout le monde peut être bon, simple, modeste, et se concilier les esprits par des moyens qui lui sont propres.

Sans vouloir tracer ici un langage particulier dans des circonstances qui peuvent varier à l'infini, nous dirons qu'en général des questions faites avec discernement aux fonctionnaires, suivant leur spécialité, doivent faire le texte ordinaire de ces premiers entretiens : l'homme qui interroge est un homme qui sait et qui veut savoir; il flatte son interlocuteur, et il prouve aux auditeurs qu'il a le désir de s'instruire et de s'occuper de leurs intérêts.

Cette sollicitude est ordinairement très-goûtée.

En résumé, il faut qu'un préfet se persuade que, dans cette première rencontre, tout, son geste, sa voix, son langage, sa tenue, sont observés et sont l'objet de nombreux commentaires, et que les personnes superficielles (et le nombre en est grand), le jugeront sur cette première épreuve, irrévocablement et sans appel.

Nous ne terminerons pas ce chapitre, sans dire que quelque nombreuses que soient les visites que le préfet devra rendre dans les vingt-quatre heures, il importe qu'il n'en omette *aucune*. Une seule visite oubliée ne lui serait point pardonnée, et deviendrait quelquefois plus tard la source *d'inimitiés* qu'il doit s'appliquer à éviter !

CHAPITRE IV.

DES AUDIENCES PARTICULIÈRES DES PRÉFETS.

Un préfet donne généralement audience deux fois par semaine ; ce n'est point assez : je voudrais qu'il fût toujours visible, toujours prêt à entendre une plainte, à recevoir une réclamation, à y faire droit, s'il y a lieu.

Ces heures consacrées aux audiences sont, je m'empresse de le reconnaître, bien fastidieuses, et mettent plus d'une fois sa patience à l'épreuve ; mais la patience n'est pas seulement une vertu chrétienne, c'est une *vertu administrative* ; il faut savoir écouter, se taire, s'ennuyer même, et subir d'inextricables longueurs de la meilleure grâce du monde : le public vous en sait beaucoup de gré, et ses sympathies sont à ce prix.

Qu'on se garde donc de croire que ce soit du temps perdu ; c'est, pour un préfet habile, un moyen d'influence qu'il doit se garder de négliger !

Mais il ne suffit pas de recevoir tous ses administrés avec une égale bienveillance ; il ne suffit pas de prêter l'oreille à leurs discours, de savoir écouter ; c'est beaucoup, je le reconnais, mais il faut plus : il faut être en état de les *éclairer* et de résoudre les difficultés qu'ils vous proposent, car ces audiences ressemblent beaucoup à des *bureaux de consultation*.

Or, un préfet qui, consulté à l'improviste, sur les questions les plus délicates, est de force à les résoudre, qui peut donner à celui-ci un sage conseil, à celui-là un avertissement salutaire, à cet autre un espoir ou une consolation, à tous la garantie de sa protection et la confiance dans ses lumières ; celui-là acquiert plus d'influence personnelle et se concilie plus d'esprits, sans contredit, que celui qui renvoie le public dans ses bureaux.

Je sais qu'il ne faut pas se noyer dans les détails ; qu'il y a la part du chef à faire, et la part de ses employés ; à l'un de tout diriger, de tout voir, aux autres de tout faire, de tout exécuter. Mais, en administration, il n'y a pas de petits détails : il faut que l'œil du maître porte partout ses investigations ; il faut que l'impulsion qu'il donne aux affaires se fasse partout sentir ; car malheur au préfet qui abandonne la direction de ses affaires à ses bureaux, il tombe de suite dans l'opinion publique, et vienne le jour où le Gouvernement fait un appel à son influence, elle lui fait défaut. Le préfet qui s'est abdiqué ne peut plus se relever.

Il est donc bien important que le préfet, dans ses rapports avec le public, avec tous les fonctionnaires, intervienne lui-même comme *le représentant réel et sérieux de l'administration*, et qu'il fasse preuve, dans ses rapports, de science et de lumières.

Voilà pour les *audiences* du matin, pour cette partie si délicate de l'administration, où le préfet apparaît tour à tour comme administrateur, comme père et comme ami. Voyons-le maintenant comme *homme politique* et *comme homme du monde*, ouvrant ses salons à toutes les personnes qui touchent par quelques points à l'administration, et faisant à chacun l'accueil qui convient à sa position et à son rang.

CHAPITRE V.

DES RÉCEPTIONS DU PRÉFET.

La société que reçoit un préfet n'est pas une société qu'il puisse se choisir : il la trouve toute faite, il l'accepte, et il est tenu de lui faire accueil.

C'est ordinairement une réunion assez nombreuse de gens qui se connaissent à peine, qui n'ont quelquefois entre eux aucun rapport, aucun contact, et qui ne se rencontrent qu'à la préfecture. C'est donc un problème assez difficile à résoudre que de réunir toutes ces personnes de rang, de fortune, d'opinions si divers, sans les compromettre et sans se compromettre. Il faut, pour opérer cette fusion, plus que l'habileté ordinaire d'un maître de maison, il faut encore de la politique appliquée aux petites choses.

En général, on est très-exigeant, en province, pour les préfets et les sous-préfets qui reçoivent : on l'est surtout pour leurs femmes. Il faut qu'ils soient beaucoup plus aimables, beaucoup plus prévenants, beaucoup plus attentifs que de simples particuliers. Il y a des gens qui vous disent avec beaucoup de naïveté, *qu'ils sont payés pour cela!* ce qui ne serait pas une raison, mais ce qui, en tout cas, est une erreur. Je ne sache pas que depuis l'Empire il ait été alloué aux préfets des frais de représentation. Quoi qu'il en soit, le préjugé subsiste; il faut s'y soumettre, sous peine de voir déserter ses salons.

Or, il n'est pas donné à tout le monde de savoir faire les honneurs de sa maison, c'est un art qui ne s'acquiert que dans la bonne société, qui demande un tact parfait, une exquise politesse, et qui fait encore partie de l'administration : c'est de *l'administration de salon*, voilà tout.

Ici, comme à l'audience, le préfet doit être pour tout le monde d'un accès facile. On aime à lui voir une grande simplicité de manières qui n'exclut ni la dignité, ni la réserve; point d'élégance, mais une tenue sévère et irréprochable; point de familiarité, mais beaucoup d'aisance et d'urbanité; en général, on lui sait beaucoup de gré de ses moindres attentions; on ne lui pardonnerait point une impolitesse.

Je demande pardon d'entrer dans ces petits détails, mais tous ceux qui connaissent la science du monde me comprendront, et ceux qui savent les résultats politiques et administratifs produits par les dîners, les soirées, les réceptions de toute espèce, m'excuseront.

Je passe au travail des bureaux, et j'entre avec les chefs de service dans le cabinet du préfet, pour jeter un coup d'œil rapide sur les détails intérieurs de l'administration.

CHAPITRE VI.

DU TRAVAIL AVEC LES CHEFS DE BUREAU.

Ici commence le rôle du préfet comme administrateur.

Pour se bien pénétrer de cette partie si importante de ses fonctions, il faut lire le rapport fait par l'orateur du Gouvernement en présentant au corps législatif la loi du 28 pluviôse an VIII, qui créait le pouvoir administratif, tel qu'il existe encore aujourd'hui.

Voici ce qu'il disait :

« L'administration proprement dite consiste en trois choses :

« 1° L'agence de transmission des lois aux administrés et des plaintes des administrés au Gouvernement ; en d'autres mots, l'agence des communications réciproques entre les intérêts particuliers et l'intérêt public ;

« 2° L'action directe sur les choses et sur les personnes privées, dans toutes les parties mises sous l'autorité immédiate des administrateurs ;

« 3° Enfin, la procuration d'action dans les parties d'administration remises à des subordonnés. »

Procurer *l'action* est une des principales fonctions de l'administration dans les départements.

La première est d'expliquer aux magistrats inférieurs le sens des lois, règlements ou ordres qu'il s'agit de faire exécuter : cette fonction est *l'instruction.*

La seconde est de donner les ordres spéciaux que les circonstances de temps et de lieu peuvent exiger pour leur exécution ; cette fonction peut se nommer *direction.*

La troisième est de presser, de déterminer cette exécution : c'est *l'impulsion.*

La quatrième est d'en vérifier l'exécution : c'est *l'inspection.*

La cinquième est de se faire rendre compte de cette exécution, de recevoir les réclamations des personnes intéressées et les observations des préposés. Cette fonction est *la surveillance.*

La sixième est d'autoriser ou de rejeter les propositions d'intérêt public auxquelles peut s'étendre le pouvoir de l'administration ; c'est l'estimation, l'*appréciation.*

La septième est d'approuver, de valider ou de laisser sans valeur les actes qui ont besoin de vérification ; c'est *le contrôle.*

La huitième est de rappeler à leurs devoirs, les autorités inférieures ou les agents immédiats qui les méconnaissent ou les oublient : c'est *la censure.*

La neuvième est d'annuler les actes contraires aux lois et aux ordres supérieurs : c'est *la réformation.*

La dixième est de faire réparer les omissions ou les injustices : c'est *le redressement.*

La onzième, enfin, est de suspendre les fonctionnaires incapables, de destituer ou faire destituer les négligents, de poursuivre en justice les prévaricateurs : c'est *la correction, la punition.*

Ainsi, *instruction, impulsion, direction, inspection, surveillance, sanction* de propositions utiles, *contrôle* des actes suspects, *censure, réformation, redressement, punition,* voilà les fonctions de cette partie de l'administration qu'on peut appeler procuration d'action.

Arrivons à une définition moins abstraite, et rendons plus sensible et plus saisissable, par un examen rapide des principales attributions du préfet, l'importance de ses fonctions.

Le préfet, avons-nous dit, est *le centre* de tous les services publics de son département ;

Pour qui aime l'administration, rien n'est plus intéressant que le roulement d'affaires d'une préfecture.

Dès le matin, la correspondance arrive ; elle est déposée sur le bureau du préfet ;

L'ouverture en est ordinairement faite par le secrétaire particulier du préfet, dont le premier mérite doit être une discrétion absolue ;

C'est la condition la plus indispensable de sa position.

Le préfet doit prendre connaissance de toutes les affaires et particulièrement de celles que son secrétaire signale à son attention ; il se réserve les unes, il renvoie les autres à ses bureaux, après avoir écrit en marge, lorsqu'il le juge nécessaire, la suite qu'il convient de leur donner.

Cela fait, chaque dossier est trié, et mis dans le portefeuille du chef de service qui le concerne.

Il y a, en effet, dans une préfecture, sous la surveillance d'un *secrétaire général,* plusieurs bureaux, entre lesquels, tous les services publics du département sont répartis.

Chaque bureau se compose d'un chef, d'un sous-chef, d'un nombre plus ou moins grand de rédacteurs et d'employés.

La répartition des affaires, entre les bureaux, varie à l'infini ; elle *change à chaque avénement de préfet* ; c'est un mal, et je le signale en passant ; il serait à désirer qu'une répartition *uniforme* des affaires fût faite dans toutes les préfectures, calquée sur la division du ministère de l'intérieur, et que cette répartition fût *permanente*, quel que soit d'ailleurs le nombre d'employés, qui doit varier suivant l'importance des préfectures.

En attendant cette amélioration, qui pourrait faire l'objet d'une *circulaire ministérielle*, voici la division ordinaire des bureaux d'une préfecture.

Il y a, indépendamment d'un secrétariat général et d'un secrétariat particulier :

1° *Un bureau des affaires communales*, qui traite de toutes les acquisitions, aliénations, échanges, constructions, réparations, transactions, legs et donations concernant les communes et les établissements communaux ;

De la comptabilité communale, tels que budgets, comptes, impositions, emprunts, ordonnancement et autorisations de dépenses concernant les communes, de la répartition du fonds des amendes de police correctionnelle entre les communes ;

Du personnel, matériel et comptes des hospices et des bureaux de bienfaisance, des affaires du culte, du personnel, des fabriques, des congrégations religieuses, de l'érection des chapelles, annexes ou succursales ;

Des listes électorales et du jury, des élections départementales et municipales.

2° *Un bureau des travaux publics,* chargé des ponts et chaussées, des routes, canaux, ponts, rivières, cours d'eaux, mines et carrières, de la police du roulage et de la grande voirie;

Des règlements d'indemnité pour cession et occupation temporaire de terrains, acquisitions à l'amiable ou par voie d'expropriation, des alignements;

De la petite voirie, du personnel des agents voyers, des rues, ponts et chemins vicinaux; des prestations en nature et en argent, de l'aliénation d'anciens chemins supprimés; de la confection des nouveaux; du conseil des bâtiments civils.

3° *Un bureau des finances,* composé de la comptabilité générale du département : budgets et comptes, impositions et emprunts, ordonnancement et autorisations de dépenses, en ce qui concerne le département, mandats de payement des divers fonctionnaires;

Contributions directes : assiette de l'impôt, répartition, réclamations, remises et modérations, cadastre;

Contributions indirectes : octrois municipaux, instruction des demandes d'abonnement, bacs, bateaux, bureau de garantie, etc.;

Enregistrement et domaines : eaux et forêts, bois de l'Etat, adjudications;

Secours pour pertes, incendies, grêle, épizooties et autres accidents;

Dépense relative aux enfants trouvés;

Règlement des frais de justice criminelle;

Liquidation des amendes de police, dépenses relatives à l'entretien du mobilier des préfectures, sous-préfectures, évêchés, tribunaux, prisons.

4° *Un bureau militaire et de police,* chargé :

Du recrutement de l'armée, des listes de tirage, des con-seils de révision, des ordres de départs, des demandes de congé, des gardes nationales, de la police générale, des passe-ports, des ports d'armes, des prisons et dé leur personnel, de la surveillance des vagabonds et des forçats, de l'imprimerie et de la librairie ;

De la police sanitaire, de la taxe du pain, du pesage des grains, des subsistances et approvisionnements, des mercuriales, des droits de pesage et de jaugeage publics ; des droits de location des places dans les halles, foires, marchés, abattoirs, des translations de cimetière et con-cessions de terrains ; de l'autorisation des établissements dangereux, insalubres ou incommodes ; de la vaccine.

5° *Enfin, un bureau de l'instruction primaire,* chargé des écoles primaires élémentaires et supérieures, des salles d'asiles, des colléges nationaux et communaux, des écoles normales, des écoles militaires, de la marine, des arts et métiers, des vétérinaires, des cours d'accouchement ;

Des inspections, des commissions d'examen, des comi-tés locaux et supérieurs :

En un mot de tout ce qui concerne l'instruction pu-blique ;

Voilà les grandes divisions d'une préfecture, que l'on peut *augmenter* ou *restreindre* suivant les besoins du ser-vice.

Dans cette nomenclature, qui est loin d'être complète, il y a beaucoup d'affaires qui ne sont point classées, parce qu'elles peuvent appartenir indifféremment à tous les bureaux.

Ce sont les questions relatives à l'agriculture et au commerce, aux foires et aux marchés, aux fêtes patronales, aux tribunaux de commerce, aux notables commerçants, aux conseils de prud'hommes, aux chambres consultatives des arts et manufactures, aux brevets d'invention, à la mendicité, aux aliénés, aux statistiques générales, aux ordres et décorations, etc.

Cet aperçu suffit pour indiquer quelle variété de connaissances un préfet doit posséder pour prononcer sur toutes ces affaires en connaissance de cause.

Poursuivons : chaque jour lui apporte son contingent à expédier.

A quatre heures, au moment où les bureaux vont fermer, chaque chef de service se présente à la signature et lui soumet la besogne du jour. Toutes les minutes doivent être examinées par le préfet, pour être expédiées le lendemain.

Certes, en voilà plus qu'il n'en faut pour occuper tous ses instants, et cependant ce n'est pas tout. Il y a l'*administration communale*, qui lui est particulièrement confiée et qui appelle plus spécialement son attention.

Intermédiaire entre le Gouvernement d'une part, et les sous-préfets et les maires de l'autre, il est obligé de tracer des instructions, pour rappeler aux fonctionnaires placés sous ses ordres les lois, ordonnances et règlements qu'ils doivent exécuter : c'est ce qu'on appelle le *Mémorial administratif*.

Qu'on juge de la multiplicité des occupations d'un préfet, du zèle infatigable qu'il doit déployer pour prendre part à toutes les affaires, et examiner toutes les décisions qui lui sont soumises par ses chefs de bureau.

Et si l'on ajoute à ce roulement des affaires périodiques

sa correspondance particulière avec le ministre d'abord, avec toutes les personnes ensuite à qui il est obligé, en raison de leur haute position, d'écrire de sa propre main ; l'examen et la signature de toutes les lettres adressées à tous les chefs de corps ; on n'aura encore qu'une idée imparfaite des innombrables travaux qui assiégent une préfecture et de l'activité de tous les jours qu'il faut déployer pour faire face aux nécessités du service.

Le rôle du préfet comme administrateur est donc fort important.

Dans cette tâche difficile, le préfet est secondé par cinq ou six hommes spéciaux vieillis pour la plupart dans la pratique des affaires, et qui s'acquittent de leurs fonctions avec zèle, avec intelligence et avec conscience ; ce sont les traditions vivantes d'une préfecture. Ils ont sous leurs ordres des jeunes gens dont l'expérience laisse quelquefois à désirer ; mais les employés sont ce qu'on les fait, et quand ils savent que le préfet donne lui-même l'exemple du travail, qu'il voit tout par ses yeux, et que l'impulsion part de lui, ils le suivent sans murmurer ; ils arrivent à l'heure des bureaux, et ils n'en sortent qu'après une journée laborieusement remplie !

Qu'à un préfet aussi laborieux et aussi ferme succède un homme moins soucieux de la tenue de ses bureaux, vous voyez tout à coup les liens de la discipline se relâcher, et ces mêmes employés, autrefois si exacts, retomber dans l'indifférence, s'absenter pendant le jour, et, sous prétexte d'aller déjeuner, sortir jusqu'à deux heures pour en sortir à quatre.

Un préfet préviendra ces abus, qui excitent les murmures du public et nuisent à la rapide expédition des affaires, en recommandant au secrétaire général qui, aux termes de l'article 7 de la loi du 28 pluviôse an VIII, a la police des bureaux, de veiller avec attention à l'exactitude des employés, en se montrant lui-même quelquefois parmi eux ; en encourageant les plus laborieux, et en allant découvrir au fond de ses bureaux le pauvre employé, obscur et ignoré, que son style lui a révélé pour le placer dans une position plus digne de lui.

CHAPITRE VII.

DES RAPPORTS DU PRÉFET AVEC LES DIVERSES AUTORITÉS DU DÉPARTEMENT.

Les rapports du préfet avec les principales autorités du département, forment une des plus grandes difficultés de sa position : à côté du pouvoir administratif, il y a le pouvoir *militaire*, le pouvoir *ecclésiastique*, le pouvoir *judiciaire*, avec lesquels il faut trouver moyen de vivre en bonne intelligence.

Pour y parvenir, il faut un tact, une prudence, un désir de conciliation, sans lesquels il n'est pas possible de se maintenir longtemps en bonnes relations.

Le préfet est le *primus inter pares*, ce qui est un premier tort qu'il n'est pas en son pouvoir d'éviter.

Mais si à ce premier tort il en ajoute un second, celui de faire sentir son autorité, il est rare que la mésintelligence n'éclate pas aussitôt, et que les premiers fonctionnaires ne donnent au public le triste spectacle de leurs divisions.

C'est là un écueil qu'un préfet sage devra éviter : en

sachant allier la modération à la dignité de ses fonctions, en adoucissant, par la forme de son langage ou de son style, tout ce que son autorité pourrait avoir de blessant pour des corps qui ont leur juste susceptibilité.

Si ces exigences lui étaient parfois pénibles, il voudra bien se rappeler cette vérité : c'est que les conflits n'ont jamais servi à personne, que les hommes y perdent leur dignité, que les affaires en souffrent, et que les ennemis du Gouvernement sont toujours prêts à s'emparer de ces rivalités pour discréditer le pouvoir.

CHAPITRE VIII.

RAPPORTS DU PRÉFET AVEC LE MINISTRE.

Pour procéder hiérarchiquement, nous commencerons d'abord par les rapports du préfet avec le ministre.

Ces rapports sont de deux sortes :

Il y a les rapports d'affaires ;

Il y a ensuite les rapports personnels et la correspondance particulière et confidentielle.

Des rapports d'affaires, je dirai peu de chose. Une circulaire ministérielle du 2 novembre 1836, concernant l'instruction des affaires qui sont envoyées au ministère, trace aux préfets leurs devoirs à cet égard. Je ne puis que les engager à s'y conformer.

Il y a des départements qui passent au ministère pour ne jamais instruire les affaires conformément aux instructions ; il en résulte quelquefois un échange de correspondance, blessant pour la dignité du préfet, qu'il doit à tout prix éviter.

Ces irrégularités ont un autre inconvénient, c'est qu'elles font perdre un temps précieux aux parties intéressées :

La centralisation, et c'est là son plus grand tort, est accusée d'accaparer un trop grand nombre d'affaires et de ne rien terminer. Les bureaux des ministères sont accusés à leur tour, de passer leur temps à rechercher dans les dossiers les plus petites irrégularités, pour retourner les pièces, et gagner du temps.

Tous ces reproches sont assurément exagérés; mais enfin si à la tendance naturelle des affaires qui se traitent au centre, *d'accomplir lentement leur parabole*, se joint un défaut d'instruction à la circonférence, les affaires s'éternisent, et la solution n'arrive jamais.

Un préfet échappera à ces plaintes, en examinant lui-même les dossiers qu'il adresse au ministre, et en veillant avec soin à ce que toutes les pièces exigées par les instructions soient produites;

Par là, il évitera tout renvoi, et tout retard de son fait.

J'arrive à la correspondance particulière et personnelle du préfet avec le ministre.

Cette correspondance est *la pierre de touche* de tous les préfets. Beaucoup ignorent encore que c'est là surtout qu'ils sont jugés, et que personne plus que le ministre de l'intérieur ne met en pratique la maxime de Buffon : « Le style c'est l'homme! »

Il y a des préfets qui n'ont dû leur avancement qu'au ton remarquable de leur correspondance. Il y en a d'autres, bons administrateurs du reste, qui, malgré leur âge, leurs appuis, l'ancienneté de leurs services, n'ont jamais pu sortir de leur position, par suite de l'opinion défavorable que leur correspondance négligée avait fait naître dans l'esprit du ministre.

En 1832, un simple conseiller de préfecture, chargé

par intérim des fonctions de préfet, sur les frontières de la Suisse, se révéla d'une manière si remarquable par le style de ses dépêches, et par ses aperçus pleins de justesse et de vérité sur la situation de la Suisse, qu'il fut nommé préfet d'emblée, sans l'avoir jamais sollicité, depuis, il est devenu préfet de Lyon, puis ministre ; sans cette circonstance qui l'a mis en rapport direct avec le ministre, peut-être serait-il encore aujourd'hui conseiller de préfecture.

On voit donc combien il est important de donner tous ses soins à sa correspondance personnelle avec le ministre.

C'est un moyen de se faire connaître ; mais il faut bien se garder d'en abuser.

Ce qu'il y a de mieux à faire, c'est d'écrire peu, et en peu de mots.

Sans doute il faut écrire chaque fois que les besoins du service l'exigent ; mais c'est tout.

Le style doit être simple et sobre de réflexions inutiles, exempt d'emphase et d'exagération.

Malheur aux préfets qui se noient dans les détails ou qui visent à l'esprit ; ils peuvent être certains qu'ils en sont pour leurs frais, et que l'effet sera manqué.

Il en est de même des visites.

Un préfet qui vient à Paris va voir le ministre ; il lui parle, il répond à ses questions, et il sort laissant dans son esprit une bonne ou une mauvaise impression, suivant qu'il est resté, ou qu'il est sorti des bornes d'une prudente réserve.

Le tact, la mesure, la circonspection, seront donc toujours les qualités les plus utiles à un préfet.

Savoir se taire sera toujours un grand art ; ne dire que ce qu'il faut, et le bien dire, une grande preuve d'esprit ; trop parler et trop écrire, une grande faute.

CHAPITRE IX.

DES RAPPORTS DU PRÉFET AVEC LES AUTORITÉS MILITAIRES.

Les autorités militaires se composent dans un département :

1° D'un maréchal de camp, commandant le département ;

2° D'un sous-intendant militaire ;

3° D'un officier commandant le dépôt de recrutement ;

4° D'un officier commandant la gendarmerie ;

5° Des officiers composant la garnison de la ville.

Dans certaines localités, et par exception, se trouve un lieutenant général commandant la division militaire, et dans les places de guerre, un commandant de place, un commandant du génie, un commandant d'artillerie.

L'administration militaire d'un département est une administration particulière confiée aux soins d'un général, qui ne relève que de ses supérieurs hiérarchiques.

Le général commandant un département est, à peu près, dans une position semblable à celle du préfet ; à part les revues, les cérémonies publiques et les rares circonstances où le préfet *requiert* la force armée d'agir, le préfet n'a que peu de rapports avec le pouvoir militaire.

Cependant tous les ans, le préfet, le général, le sous-intendant militaire, le commandant de recrutement, l'officier de gendarmerie, se trouvent en présence au conseil de révision dans une tournée qui dure environ un mois, et chaque fois que les besoins du service l'exigent, au chef-lieu du département.

La loi du **21** mars **1832**, sur le recrutement de l'armée ayant fixé les attributions de chacun, il ne peut s'élever à cet égard de difficultés.

Le préfet préside, le général est à sa droite, le sous-intendant militaire assiste aux opérations et veille aux intérêts de l'armée. Le commandant de recrutement s'empare des hommes lorsque le préfet a prononcé le mot *fatal* qui en fait *un citoyen* ou *un soldat*, l'officier de gendarmerie veille au maintien du bon ordre.

En général, les conflits sont rares, grâce au bon esprit qui anime l'armée ; à ce respect de la discipline et de la hiérarchie qui lui fait trouver bien tout ce que la loi et l'autorité ont déclaré tel ; cependant l'armée voit avec peine le pouvoir civil dominer dans les opérations de recrutement. Par exemple, elle voudrait qu'on se montrât souvent plus sévère sur le choix des hommes (1), et l'on voit

______

(1) Ce n'est point ici le lieu d'engager une polémique ; nous ne traitons d'ailleurs ici qu'incidemment la question des conseils de révision, et nous aurons occasion d'y revenir : nous dirons seulement qu'en se plaçant à un point de vue moins exclusivement militaire, il est facile de reconnaître qu'une opération aussi importante pour les familles que celle du recrutement ne peut pas être confiée à d'autre pouvoir *qu'au pouvoir civil tempéré par l'armée*, et que, sous le prétexte d'avoir de beaux hommes, il ne faut pas non plus écrémer la population.

quelquefois le général d'autant plus impatient de ce joug, qu'il est seul au sein du conseil, et que le sous-intendant militaire ne peut que protester, s'il le juge convenable, près du ministre de la guerre.

Le préfet fera oublier le tort d'être le premier partout, dans les cérémonies publiques dans les réceptions parti-culières, en y mettant la plus grande simplicité; il traitera le général sur le pied de la plus parfaite égalité. Si le général est le plus âgé, ce qui arrivera presque toujours, il aura pour son âge ces égards particuliers que l'on doit au privilége des années; il se montrera bienveillant pour les autres fonctionnaires qui se trouvent vis-à-vis de lui dans un rang d'infériorité marquée; il n'oubliera pas que l'armée a ses susceptibilités; qu'au premier rang se trouve celle de ne vouloir obéir qu'à ses chefs, et il aura soin de lui rendre facile son autorité passagère.

Quant aux officiers de la garnison, il est d'usage, lors-qu'un régiment arrive, que le colonel présente au préfet tout son corps d'officiers. Cette présentation devrait se faire avec une certaine solennité; il serait bon que le pré-fet en fût prévenu à l'avance, pour éviter ce qui arrive souvent, que le préfet ne fût surpris dans son cabinet, quelquefois dans un costume assez négligé.

Au lieu d'exciter la verve railleuse des officiers, assez disposés à critiquer tout ce qui n'appartient pas à l'armée, il pourrait être utile que le préfet inspirât, par sa tenue et son maintien, aux officiers qui le visitent pour la première fois, un sentiment réel de confiance et de respect. Enfin, il est d'usage qu'il se fasse nommer individuellement tous les officiers, qu'il les invite à ses réceptions, qu'il garde le chef de corps à dîner, et que dans les vingt-quatre heures il lui rende sa visite.

Nous dirons peu de choses du lieutenant général et du commandant de place.

Le premier, dans sa subdivision, occupe un rang supérieur au préfet.

Le deuxième, en temps de guerre et de siége, *concentre* dans ses mains tous les pouvoirs ; mais ces cas sont fort rares.

CHAPITRE X.

DES RAPPORTS AVEC LES AUTORITÉS RELIGIEUSES.

L'église, comme l'armée, a son administration à part. Le clergé ne relève que de l'évêque, chef suprême de son diocèse. Mais, à chaque instant, il se trouve mêlé au pouvoir administratif, dont il réclame l'utile intervention, soit qu'il s'agisse de la réparation d'une église, d'un presbytère, d'un cimetière, d'une érection de chapelle, de l'acceptation d'un don ou d'un legs religieux, soit enfin de la comptabilité des hospices, fabriques, bureaux de bienfaisance, et de tous les établissements religieux qui doivent être régulièrement organisés.

Il est donc bien important, dans une commune, par exemple, que le maire et le curé s'entendent et vivent en bonne harmonie; il ne l'est pas moins que l'évêque soit en bons rapports avec le préfet. Tous les deux ont une mission d'ordre et de conciliation; tous deux sont chargés de diriger les hommes, l'un par l'empire des lois, l'autre par celui de la religion. Dans l'intérêt de la société, il importe que ces grands pouvoirs se prêtent un mutuel appui.

Bien que le décret sur les préséances donne très-clairement aux préfets le pas sur les évêques, il est quelquefois de bon goût à un préfet de s'effacer devant *sa grandeur*, à raison de son âge et du caractère sacré dont il est revêtu : c'est une affaire de tact et d'opportunité. Quant aux autres membres du clergé, ils sont vis-à-vis du préfet dans une position d'infériorité qui ne permet pas de conflit possibles. Le préfet a sur eux, comme sur tous ses administrés, un droit de surveillance qu'il exerce avec mesure et prudence, mais que des circonstances difficiles rendent quelquefois nécessaires. Quand les faits intéressent le Gouvernement lui-même, il en rend compte au ministre des cultes; quand il ne s'agit que d'affaires de discipline intérieure, il s'adresse à l'évêque, qui en est le seul juge, et il est rare que ce dernier ne fasse droit à ses justes réclamations.

CHAPITRE XI.

RAPPORTS AVEC LES AUTORITÉS JUDICIAIRES.

La justice n'a pas seulement, comme le clergé, comme l'armée, une organisation séparée, des chefs qui lui sont propres, et qui sont, dans les vingt-six cours d'appel de France, le premier président et le procureur général, sous la haute surveillance du garde des sceaux ; elle forme dans l'état *un corps à part*, complétement indépendant, à côté du pouvoir *exécutif* et du pouvoir *législatif*.

Elle a de plus l'*inamovibilité* ; elle jouit partout d'une considération méritée, et toutes ces circonstances réunies, en lui donnant une grande indépendance, lui font dire avec un noble orgueil *que la justice est le premier besoin des peuples*.

Malheureusement, le génie qui relevait à la fois la justice et l'administration, en les reconstituant sur des bases nouvelles, n'a point pensé ainsi ; il a compris qu'à côté de la justice il y avait d'autres intérêts plus vastes et tout aussi sacrés qu'il fallait protéger, et il les a *centralisés* dans la main d'un seul homme, qui est au chef-lieu du département, *le préfet*; de l'arrondissement, *le sous-préfet*; de la commune, *le maire*, auxquels il a assigné le *premier rang* comme représentant du pouvoir exécutif. De là, une première difficulté!

Dans les cérémonies publiques, le préfet marche en tête, ayant à sa droite le général (je ne parle pas du cas très-rare où il existe un premier président de cour royale au chef-lieu), et à sa gauche le président; de plus, aux termes de l'article 7 du décret sur les préséances, toutes les autorités appelées aux cérémonies publiques se réunissent chez la personne qui doit y occuper le *premier rang*.

Or, il est rare que le président se sépare de son tribunal pour accompagner le préfet; il est rare que le corps de la magistrature se rende à la préfecture comme les autres fonctionnaires pour lui faire cortége. Je sais qu'une circulaire de M. le garde des sceaux les autorise à se rendre aux cérémonies publiques *séparément*, mais cette circulaire n'a pu éviter que le conseil de préfecture, par exemple, ne passât avant eux; cette circulaire n'a pu donner au *chef du parquet* un rang, lorsque le décret ne lui en donnait aucun; toutes ces circonstances, en apparence puériles, ont amené des difficultés qui se renouvellent sans cesse et tendent à ranimer cet esprit de rivalité qui existe entre la magistrature et l'administration.

Dans les rapports de service, les mêmes dispositions se représentent et amènent les mêmes embarras.

Pour en citer un exemple, l'article 10 du Code d'instruction criminelle dispose : « Que les préfets des départements et le préfet de police à Paris pourront faire personnellement, ou requérir les officiers de police judiciaire, *chacun en ce qui les concerne*, de faire tous les actes né-

cessaires à l'effet de constater les crimes, délits et contra-
ventions, et d'en livrer les auteurs aux tribunaux chargés
de les punir. »

Voilà donc l'administration mise en quelque sorte en
lieu et place du *ministère public*; voilà tout au moins le
préfet pouvant adresser des réquisitions au chef du parquet; car les procureurs du roi font partie des officiers de
police judiciaire.

Cet article de loi a été vivement critiqué; son exécution
a été rendue à peu près impossible, et chaque fois qu'un
préfet a voulu user de son droit, il a soulevé toutes les
récriminations de la justice.

Nous ne dirons qu'un mot : l'article 10 du Code d'instruction criminelle n'est point abrogé. S'il est inutile,
qu'on le raie; s'il est dangereux, qu'on le supprime;
mais tant qu'il existera, qu'on le respecte; et peut-être
reconnaîtra-t-on, après avoir lu l'exposé des motifs qui
précédait la présentation du Code d'instruction criminelle
au corps législatif, qu'au-dessus de ces vaines querelles il
y a des motifs de l'ordre le plus élevé qui en exigent le
maintien.

Le préfet conciliera tous les intérêts, en prévenant le
parquet, chaque fois qu'il croira devoir user du droit d'initiative que lui donne la loi : c'est le seul moyen de calmer
des susceptibilités jusqu'à un certain point fondées.

Dans ces derniers temps de trouble, particulièrement,
les circulaires ministérielles ont recommandé aux préfets
d'user de l'article 10 du Code d'instruction criminelle,
tombé jusque-là presqu'en désuétude, et c'est en vertu de
cet article, qu'ils ont procédé eux-mêmes à des arrestations,
intercepté des correspondances à la poste, et lorsque les

directeurs des postes ont réclamé, une décision du ministre des finances est venue confirmer le droit des préfets.

Il est donc aujourd'hui parfaitement reconnu. Mais les égards dus à la magistrature exigent qu'on en use avec tact et modération.

CHAPITRE XII.

DES RAPPORTS AVEC LES AUTORITÉS ADMINISTRATIVES.

Ici commence pour le préfet une série de rapports de tous les jours avec les fonctionnaires plus particulièrement placés sous ses ordres.

Ce sont, *au chef-lieu du département*, tous les chefs de service, tels que :

Le receveur des finances,

Le directeur des contributions directes,

Le directeur des contributions indirectes,

Le directeur des domaines,

Le directeur des douanes,

Les ingénieurs.

Dans les diverses parties du département :

Les sous-préfets,

Les maires.

Nous allons passer successivement en revue les rapports du préfet vis-à-vis de tous ces fonctionnaires.

CHAPITRE XIII.

DES RAPPORTS AVEC LE RECEVEUR GÉNÉRAL DES FINANCES.

Le receveur général, dans un département, qui, en réalité, n'est qu'un chef de service, est considéré, par l'opinion publique comme à peu près l'égal du préfet, du général, de l'évêque.

Cela tient à son état de maison et à son traitement, qui lui permet d'effacer par l'éclat de ses fêtes tous les fonctionnaires moins rétribués que lui, quoique hiérarchiquement supérieurs.

Le public, qui juge sur les apparences, lui assigne un rang en rapport avec ses dépenses ; et, dans un temps où la vanité joue un assez grand rôle, et où la fortune est une qualité fort appréciée, cela amène quelquefois des comparaisons fâcheuses entre les salons de la préfecture et ceux de la recette générale.

Un préfet prudent et sage se gardera bien de se montrer jaloux de la somptuosité des réceptions de la recette générale ; il ne tentera pas de l'imiter ; et il saura gré au chef de la finance de faire de sa fortune un si honorable emploi, dans l'intérêt du Gouvernement.

Comme chef de service, le receveur général est chargé de faire rentrer l'impôt de tout un département dans les caisses de l'État; à cet effet il a sous ses ordres des receveurs particuliers et des percepteurs.

Il forme, avec le payeur chargé de solder toutes les dépenses départementales, l'administration financière du département.

Ses rapports de service avec la préfecture sont de tous les instants.

Enfin une ordonnance mémorable, contre-signée par M. Passy, ministre des finances, oblige le préfet et le receveur général à s'entendre sur la présentation des percepteurs surnuméraires, et met ces fonctionnaires dans la nécessité de vivre en bonne intelligence, sous peine, pour le receveur général, de voir ses candidats repoussés; et c'est ainsi qu'une mesure prise par un ministre habile a concouru à l'union de deux administrations en donnant à l'un et à l'autre une part qu'elles n'avaient pas dans les nominations, en même temps qu'elle a régénéré le service des perceptions, en ouvrant cette carrière à des sujets qui s'y préparent maintenant par un long et consciencieux noviciat.

CHAPITRE XIV.

RAPPORTS AVEC LES DIRECTEURS DES CONTRIBUTIONS DIRECTES, INDIRECTES, DES DOMAINES ET DES DOUANES.

La direction des contributions directes est particulièrement chargée de *l'assiette de l'impôt* dans chaque département; elle se compose d'un directeur de département, d'un inspecteur, d'un contrôleur principal et de plusieurs contrôleurs.

Ses rapports avec la préfecture sont nombreux : le préfet et le conseil de préfecture étant appelés à juger, le premier, toutes les demandes *en remise et modération ;* le deuxième, toutes les demandes en *réduction* et *décharge* des particuliers qui réclament contre leurs contributions. L'instruction de toutes ces réclamations appartient au directeur, à l'inspecteur, au contrôleur des contributions directes, au maire et répartiteurs de chaque commune; l'affaire, ensuite, est soumise au préfet ou au conseil de préfecture pour recevoir une décision.

Quelle que soit cette décision, les rapports de la préfecture et de la direction n'en reçoivent aucune atteinte;

chacun juge à son point de vue, prononce en son âme et conscience, et jamais je n'ai vu un préfet ou un directeur en faire une question d'amour-propre.

Il en est de même des relations d'affaires avec le directeur des contributions indirectes et des domaines; elles sont faciles, beaucoup moins nombreuses, il est vrai, mais telles que rien, dans la pratique, n'est de nature à les altérer.

Le directeur des contributions indirectes a sous ses ordres des directeurs d'arrondissement, des contrôleurs de comptabilité, des contrôleurs ambulants, des contrôleurs de ville, des commis de direction, des receveurs principaux, des commis à cheval et à pied, des préposés à la navigation, des entreposeurs de tabacs.

Et, à l'exception des abonnements des débitants de boissons, lesquels sont réglés par le conseil de préfecture, cette administration n'a que très-peu de rapports avec la préfecture.

L'administration de l'enregistrement et des domaines en a davantage. Le préfet en est le chef comme représentant l'État.

Cette administration se compose, dans le département :

D'un directeur,
D'un inspecteur,
De vérificateurs,
D'un premier commis de direction,
D'un conservateur des hypothèques,
De receveurs d'enregistrement.

Tous ces fonctionnaires sont les hôtes habituels de la préfecture, ce sont les amis les plus dévoués du Gouvernement; dans cette grande famille qui entoure le préfet, chacun a son rang suivant sa position, son âge ou sa fortune, et c'est au préfet à savoir nuancer comme il le convient l'accueil qu'il doit à chacun.

Dans certaines villes frontières, il y a aussi un directeur des douanes, ayant sous ses ordres des inspecteurs, des employés pour les bureaux, et toute une armée de douaniers, organisée par brigade et préposée à la surveillance de la contrebande. Cette administration a peu de rapports avec la préfecture; mais elle lui prête souvent un appui salutaire, et le préfet a le devoir de signaler les actes de courage que lui fait connaître le directeur et sur lesquels il convient d'appeler l'attention du Gouvernement.

CHAPITRE XV.

DES RAPPORTS AVEC LES INGÉNIEURS DES PONTS ET CHAUSSÉES.

Les rapports avec les ingénieurs sont plus difficiles, et voici pourquoi : le corps des ingénieurs est un corps savant qui n'a pas un pouvoir en rapport avec ses connaissances spéciales; il est sans initiative, placé sous la dépendance du préfet, et sa dignité se révolte souvent à la pensée que l'avis d'un chef de bureau peut prévaloir sur le sien.

Les travaux publics, dans un département, forment en effet une masse si considérable d'affaires, qu'il y a à la préfecture un bureau à ce spécialement destiné.

D'un autre côté, le service des ponts et chaussées du département se fait sous la direction d'un ingénieur en chef, d'ingénieurs ordinaires, de conducteurs, de piqueurs, de préposés aux ponts et bascules et de cantonniers.

Tous les procès-verbaux de grande voirie dressés par ces agents sont adressés à la préfecture pour être jugés, sur l'avis des ingénieurs, par le conseil de préfecture.

Toutes les demandes d'alignement, d'extraction de matériaux, d'indemnité de terrain, toutes les adjudications de travaux publics, tout ce qui est enfin du domaine des ingénieurs est instruit par eux, et, sans aucun doute, leur avis est toujours pris en sérieuse considération, mais enfin le préfet n'est pas tenu de s'y conformer, et la décision lui appartient!

De là des conflits, des querelles d'amour-propre et quelquefois des luttes déplorables!

Le préfet préviendra ces extrémités en ayant soin de se préserver de tout esprit de parti, de toute l'influence que peut exercer sur lui un chef de bureau passionné, lorsqu'il aura à se prononcer entre l'avis des ingénieurs et celui de ses bureaux, et si, après avoir examiné seul et avec recueillement, dans le silence de son cabinet, l'affaire qui lui est soumise, des motifs d'un ordre élevé lui font rejeter les propositions des ingénieurs, il devra le faire avec tout le ménagement qu'un corps aussi instruit, et qui rend de si grands services par son zèle et ses lumières spéciales, a le droit d'attendre du premier magistrat du département.

CHAPITRE XVI.

DE L'INFLUENCE DES AFFAIRES SUR LES RAPPORTS DE SOCIÉTÉ.

Les relations de société, je l'ai déjà dit, se ressentent des relations d'affaires. Quand ces dernières sont bonnes, les autres sont faciles ; quand, au contraire, la lutte est engagée, quand la division commence, le préfet ne trouve plus dans le monde que des visages cérémonieux et froids, se renfermant strictement dans les bornes de la politesse officielle.

C'est dans ces circonstances qu'une femme d'esprit, étrangère aux affaires, mais douée de ce tact particulier qui n'appartient qu'aux femmes, pourra jouer un rôle important en rapprochant des esprits qu'un malentendu divise, ou en prévenant une rupture fâcheuse ; car, il ne faut pas se le dissimuler, il n'importe pas seulement à la dignité du pouvoir, à la bonne gestion des affaires, que tous les fonctionnaires publics vivent en bonne intelligence entre eux, il y va aussi de leur bonheur privé, et quelquefois de leur place.

Quand un préfet, lui-même, par quelque motif que ce

soit, s'est aliéné l'esprit de ceux qui l'entourent, le vide s'opère bientôt autour de lui, l'isolement commence, et le séjour d'une ville lui devient intolérable.

Qu'il n'oublie donc pas que l'esprit de conciliation est peut-être la qualité la plus précieuse, je ne dirai pas seulement d'un préfet, mais de quiconque joue un rôle important dans un gouvernement représentatif.

CHAPITRE XVII.

DES RAPPORTS AVEC LES SOUS-PRÉFETS.

Les rapports du préfet avec les sous-préfets sous leurs ordres sont encore plus intimes.

Ce sont ses collaborateurs, ses auxiliaires indispensables dans les chefs-lieux d'arrondissement.

Le préfet est la tête qui conçoit, les sous-préfets les bras qui exécutent. Pour fonctionner régulièrement, il est nécessaire qu'il existe entre eux une communauté de vues absolue sur tout ce qui concerne l'administration du département.

Pour arriver à cette bonne harmonie, le préfet devra user de beaucoup de ménagements et s'enquérir avec soin des sous-préfets placés sous ses ordres et chargés de partager avec lui le fardeau de l'administration.

Il se trouve quelquefois parmi eux des hommes d'un véritable mérite, auxquels il n'a manqué que l'occasion de se produire, et quelquefois aussi une voix amie pour les faire connaître ; le préfet cherchera à réparer vis-à-vis d'eux cet oubli de la fortune, en rendant plus de justice à leur capacité, et en ne négligeant aucune occasion de la signaler.

Par là, il s'attirera la reconnaissance de ces fonctionnaires en même temps qu'il s'assurera leur concours et qu'il utilisera leurs services.

Voilà pour les sous-préfets déjà anciens, dont l'expérience a été éprouvée, et auxquels il est possible de laisser une plus grande part d'initiative dans l'administration.

Quant aux jeunes débutants qui font leurs premières armes, il faut qu'ils trouvent dans leur préfet un guide et un appui, et que son autorité paternelle vienne souvent en aide à leur inexpérience.

Pour y parvenir, le préfet a deux moyens : ses rapports personnels avec ses sous-préfets, et sa correspondance.

Dans ses rapports personnels, qui ont lieu tous les ans à l'époque de la révision, et chaque fois que le sous-préfet se rend au chef-lieu du département, le préfet doit saisir cette occasion pour initier ses sous-préfets à ses vues, s'éclairer quelquefois de leurs lumières, s'ils sont plus anciens que lui dans le département, ou leur donner son impulsion, s'ils sont nouveaux. Ces causeries sont fort utiles; elles mettent en rapport intime des hommes qui doivent de toute nécessité se connaître et s'entendre, sous peine de compromettre les intérêts de l'administration.

Je n'ai pas besoin d'ajouter que le préfet étant reçu chez les sous-préfets chaque fois qu'il les visite, il est nécessaire qu'il use de réciprocité en les invitant à la préfecture chaque fois qu'ils y viennent. C'est un usage auquel il est rare de manquer.

Quant à la correspondance du préfet, elle est de deux

sortes : il y a sa correspondance *confidentielle* et de sa main ; il y a la correspondance par la voie *hiérarchique* et des bureaux.

La première voie s'emploie particulièrement pour les affaires importantes ou secrètes, qui ne doivent avoir pour confidents que le préfet, et le style peut sans inconvénient s'écarter des règles sévères du langage officiel.

Il est même de bon goût, dans ces entretiens familiers, d'oublier quelquefois la distance qui sépare un préfet d'un sous-préfet, et il n'est pas rare de voir un préfet commencer sa lettre par ces mots : « Mon cher collaborateur, » et finir par ceux-ci : « Recevez l'assurance de mon sincère attachement. »

Les préfets qui en agissent ainsi emploient la voie la plus sûre pour pénétrer dans le cœur de leurs collaborateurs.

La correspondance des bureaux doit être plus hiérarchique ; là, le préfet donne ses instructions en maître ; c'est le chef qui parle et qui peut le faire avec autorité ; toutefois, le *style administratif,* qui est une *science,* a des règles éternelles dont il n'est pas permis de s'écarter, et la première de toutes est de dire les choses même les plus sévères avec la plus grande politesse : un employé serait donc mal venu à l'oublier.

Enfin, un préfet ne devra jamais correspondre directement avec un fonctionnaire de l'arrondissement sans faire passer sa correspondance par la sous-préfecture.

Un sous-préfet est l'*intermédiaire* entre le préfet et ses administrés ; si l'intermédiaire peut être supprimé, c'est annihiler tout son crédit dans l'arrondissement et prouver qu'on peut se passer de lui : c'est un mauvais exemple, d'abord ; c'est peu hiérarchique ensuite, et cela peut blesser dans certains cas les justes susceptibilités d'un sous-préfet.

Il faut l'éviter.

CHAPITRE XVIII.

DES RAPPORTS AVEC LES MAIRES.

Les rapports du préfet avec les maires du département sont de deux sortes : les rapports par correspondance, et par visite.

Par correspondance, le préfet adresse tous les mois, et plus souvent si les besoins du service l'exigent, à tous les maires de son département, *un recueil administratif* qui contient toutes les lois et toutes les circulaires, instructions, documents qui peuvent les éclairer pour mettre ces lois à exécution; il leur rappelle également quels sont plus particulièrement leurs devoirs, à telle ou telle époque de l'année; enfin, il leur trace la marche à suivre dans toutes les opérations qui exigent leur concours.

Ce mémorial administratif serait fort utile, si Messieurs les maires voulaient le parcourir et s'y conformer; malheureusement, la plupart d'entre eux ne prennent même pas la peine de le lire, et commettent ensuite des erreurs dans l'envoi des pièces qu'on leur demande, qui font le désespoir des bureaux de préfecture et de sous préfecture.

Les rapports par visites sont continuels : il n'est pas possible de s'y soustraire ; ils prennent au préfet une partie de son temps, ils exigent de sa part une patience à toute épreuve ; il faut qu'il explique souvent pendant des heures entières, à un pauvre homme de la campagne, une affaire souvent très-compliquée, qu'il ne comprend pas : une fois entré dans son cabinet, le maire ne sait plus en sortir, il faut l'éconduire au bout d'un certain temps, avec les plus grandes précautions, car il est ombrageux, il n'a qu'une affaire en tête et il veut qu'on s'en occupe.

Certains préfets renvoient leurs maires au secrétaire général ou aux bureaux, ils ont tort ; quand un maire a fait le trajet de son village au chef-lieu pour voir le préfet, il s'en retournerait fort mécontent s'il n'obtenait pas cette satisfaction : il faut autant que possible la lui donner

Enfin, il faut, dans les tournées de révision au canton, où ils se trouvent tous réunis, se montrer pour eux d'une grande bienveillance, parler à ceux qu'on reconnaît, les appeler par leur nom. Tout cela peut paraître puéril, tout cela pourtant fait que l'administration marche plus ou moins facilement, et que le Gouvernement compte plus ou moins d'auxiliaires et d'amis.

Car il ne faut pas s'y tromper : un maire qui remplit des fonctions gratuites, qui rencontre la moindre difficulté, qui suppose le plus léger mauvais vouloir de la part de ses chefs, leur met de suite le marché à la main. Vous repoussez une de ses demandes : sa démission ! Vous ne pouvez pas lui accorder une faveur impossible : sa démission ! Mais vous vous devez au pays, Monsieur le maire ! « Faites comme vous pourrez. J'en ai assez, je me retire. » Voilà la réponse que j'entends faire tous les jours, et qui jette l'administration dans des embarras sans cesse renaissants.

Je ne parle pas du cas où les conseils municipaux donnent leur démission *collective*. Ce cas, qui est prévu par le Code pénal, arrive assez fréquemment. Je le répète, la loi y a pourvu, mais beaucoup de préfets peuvent ignorer leurs droits à cet égard. Les articles 123, 124 et 126 du Code pénal sont applicables aux fonctionnaires qui se coalisent. Quand donc un conseil municipal se retire en entier pour créer des embarras à l'administration, le préfet n'a pas autre chose à faire que de refuser sa démission et de lui rappeler l'article 126 du Code pénal ainsi conçu :

« Les fonctionnaires publics qui auront, par délibération, arrêté de donner des démissions dont l'objet ou l'effet serait d'empêcher ou de suspendre soit l'administration de la justice, soit l'accomplissement d'un service quelconque, seront coupables de forfaiture et punis de la dégradation civique. »

Voilà la position du préfet vis-à-vis des maires et des conseils municipaux ! Elle est fort délicate : rien de plus ombrageux, rien de plus susceptible que les pouvoirs nés de l'élection. Il faut, pour les diriger, une main habile et légère, car ils ne supportent aucun joug et ils ont sans cesse leur démission à la main, et, pour éviter tous les conflits qui peuvent en résulter, il faut une douceur, une patience et une prudence dont bien peu d'hommes sont capables.

CHAPITRE XIX.

DES RAPPORTS DU PRÉFET AVEC LE CONSEIL GÉNÉRAL.

Depuis la loi du 22 juin 1833, chaque canton a le droit d'élire un membre du conseil général, sans que le nombre des conseillers élus, pour tout le département, puisse dépasser le chiffre de trente; ce conseil est élu pour neuf ans et renouvelé par tiers tous les trois ans.

La loi du 10 mai 1838 a déterminé ses attributions.

Le contrôle qu'il exerce sur la plupart des actes de gestion du préfet est défini dans cette loi avec une remarquable lucidité.

Il serait trop long d'entrer ici dans l'énumération de toutes les parties de l'administration sur lesquelles le conseil général, aux termes de cette loi, a le droit de porter ses investigations; je renvoie tous ceux qui s'occupent de cette matière à la loi elle-même.

J'engage surtout chaque préfet à bien s'en pénétrer. La limite qui fixe la position respective du préfet et du conseil général est difficile à saisir. De part et d'autre on est souvent tenté de la franchir. De là des conflits.

Un décret fixe tous les ans l'époque de la convocation des conseils généraux et des conseils d'arrondissement et détermine la durée de leurs sessions. Tous les élus des cantons arrivent à la préfecture, nomment leur président et forment un tribunal. Le préfet comparaît à la barre et rend compte de son administration. Il lit ordinairement un rapport, ou il le dépose. Le conseil général l'écoute ou l'examine, nomme son président et son secrétaire, puis des commissions qui se répandent dans les bureaux de la préfecture pour y puiser les renseignements qui leur manquent.

C'est, pour le préfet et pour ses bureaux, le moment de l'année le plus difficile à passer.

Les bureaux qui sont surchargés de besogne sont obligés de se prêter, avec toute la complaisance possible, aux recherches qu'on exige d'eux, de répondre à toutes les questions, d'éclairer tous les doutes, de donner, en un mot, tous les renseignements désirables.

Quant au préfet, il assiste au conseil, où il doit payer de sa personne. Ce n'est pas assez pour lui d'avoir la conscience d'avoir bien administré, il faut qu'il soit assez rompu aux affaires pour pouvoir discuter le mérite des mesures qu'il a prises, soutenir le budget départemental qu'il présente, et défendre ses actes, si on les attaque, en termes assez mesurés pour ne froisser l'amour-propre de personne. La plus grande difficulté, c'est de savoir garder l'équilibre entre le représentant de l'administration et les représentants du département. Chacun est jaloux de ses prérogatives. Le devoir du préfet est de se maintenir et de maintenir le conseil dans ces justes limites, d'éviter surtout que des questions d'intérêt public dégénèrent en questions d'amour-propre, et d'être assez conciliant pour prévenir toutes les discussions personnelles. Un préfet qui perdrait la majorité dans son conseil général pourrait difficilement se maintenir à la tête du département : il faut donc, de toute nécessité, que, soit par sa bonne administration, ses scrupules à ne point dépasser les bornes de son budget, soit enfin par son accueil à la préfecture, son affabilité dans ses réceptions vis-à-vis de tous les membres du conseil général, il se concilie l'esprit des élus du département. Quelqu'un a dit qu'il fallait aussi que sa vanité s'inclinât devant la vanité des autres ; je ne me permettrai pas de dire ce que je pense de cette maxime ; mais, en général, je le reconnais, la position du préfet sur la sellette est fort difficile. Les interrogatoires, les exigences de certains conseils la rendent quelquefois bien pénible. Pour un préfet qui ne sait pas son métier, elle est intolérable ; chaque année ramène pour lui les mêmes embarras et les mêmes angoisses, et j'avoue que je n'ai jamais pu comprendre comment un préfet qui n'est pas administrateur pourrait, je ne dirai pas résister, mais seulement s'exposer à une pareille épreuve.

CHAPITRE XX.

DES RAPPORTS DU PRÉFET AVEC LES POPULATIONS, DANS LA TOURNÉE DE RÉVISION.

La loi sur le recrutement et les instructions ministérielles obligent le préfet à présider lui-même le conseil de révision. Il parcourt donc tous les ans son département, assisté du général, d'un conseiller de préfecture, d'un membre du conseil général et du conseil d'arrondissement. Le commandant de recrutement, le sous-intendant militaire, le chirurgien-major désigné pour procéder à la visite des hommes, accompagnent le conseil, qui se transporte dans chaque canton du département pour procéder à la révision du contingent de chaque année. C'est, pour le préfet, une occasion de connaître son département, de se mettre en rapport avec tous ses maires, avec la population ; d'étudier par lui-même les besoins des diverses localités, et de trancher, par l'examen des lieux, bien des difficultés.

Sur toute la route, le préfet est reçu par les principaux fonctionnaires et par les plus riches propriétaires du département avec tous les honneurs dus à son rang.

Peut-être, pourtant, est-il à regretter que cette tournée, qui excite à un si haut degré l'attention du public, s'opère de la part du préfet et des divers fonctionnaires qui l'accompagnent, avec une simplicité par trop prononcée.

En France, on aime encore à voir les premières autorités entourées d'un certain prestige ; et il n'est personne qui, en voyant arriver le préfet et le général dans deux voitures de louage, sans escorte et sans suite, n'ait éprouvé un sentiment pénible partagé par toutes les populations.

Cela est, du reste, contraire au décret sur les préséances.

J'en reviens à la révision.

Cette opération est encore excessivement délicate. Le préfet prononce là publiquement et sans appel sur tous les cas d'exemption de service présentés par les jeunes gens qui ont tiré au sort ; il tranche les questions souvent les plus graves, les plus complexes, sous sa responsabilité, et s'il n'a pas personnellement une connaissance approfondie de la matière, si la loi et la jurisprudence ne lui sont pas familières, il s'expose aux erreurs les plus dangereuses, car elles sont sans remède.

Une famille qui a déjà un fils sous les drapeaux, un frère aîné infirme et impotent, qui demande l'exemption pour son second frère, une veuve qui voit son fils unique partir pour l'armée par une fausse interprétation de la loi, certes, il y a là de quoi donner à réfléchir et causer bien des insomnies.

Je sais que le préfet a la garantie du conseil ; mais le conseil est composé de deux membres étrangers à cette matière, d'un militaire qui représente les intérêts de l'armée : la responsabilité pèse donc tout entière sur le préfet et sur le conseiller de préfecture, chargé de l'examen des pièces produites par les parties.

CHAPITRE XXI.

DES ÉMEUTES.

Le rôle du préfet, dans une émeute, est fort grave. Comme il arrive dans tous les dangers, chacun s'efface pour le laisser agir; tous les yeux sont fixés sur lui, tout le monde attend avec anxiété les mesures qu'il va prendre; c'est là qu'il est jugé!

Semblable à un capitaine de vaisseau au milieu de la tempête, c'est par du calme, de la hardiesse, de la présence d'esprit, qu'il commande tout d'abord la confiance; c'est en grandissant à la hauteur de sa mission, en faisant abnégation de sa personne, qu'il rappelle à ceux qui seraient tentés de l'oublier qu'il est le représentant de l'autorité; que l'ordre et la tranquillité du pays, aussi bien que la dignité du pouvoir, reposent dans ses mains, et qu'il en assume toute la responsabilité.

En général, les émeutes de Paris et les émeutes de province sont choses fort différentes.

À Paris, les émeutes ont presque toujours un caractère politique; en province c'est, la plupart du temps, le résultat d'un malentendu, d'une rixe d'ouvriers, de la cherté des grains, d'un tarif mal interprété, ou d'un conflit d'autorités.

La répression, naturellement, est différente : dans le premier cas, on ne saurait déployer trop d'énergié, de promptitude, pour repousser à l'instant même la force par la force ; l'existence du Gouvernement en dépend! Dans le second, il faut employer d'abord les voies de la persuasion, en appeler au bon sens des populations, les éclairer sur leurs devoirs, et, tout en prenant une attitude ferme et imposante, chercher à ramener les esprits égarés.

Ordinairement, c'est par une proclamation que débute un préfet en pareil cas.

A ce sujet, je ne saurais trop le redire, il faut bien se garder, dans ces allocutions adressées dans des circonstances aussi douloureuses, de phrases à effet, et du style de mélodrame.

Le langage de l'autorité doit être à la fois digne et simple : rappeler à chacun ses devoirs, faire un appel à tous les bons citoyens, ouvrir une porte au repentir, mais se montrer inflexible devant la résistance aux lois du pays ; tout cela a besoin d'être dit avec clarté, avec dignité, sans ostentation comme sans faiblesse, en homme qui connaît son devoir et saura le remplir. Voilà tout.

Quelquefois il arrive que le bon sens public cède devant ces explications, et que l'ordre se rétablit après cet échange de communications ; quelquefois aussi la passion résiste, s'aveugle, s'égare, et oblige l'emploi de la force armée!

Dans cet instant solennel, le préfet n'a plus à hésiter! Il doit oublier qu'il est homme, pour ne se rappeler qu'une chose, c'est qu'il est fonctionnaire, et qu'il a entre ses mains l'inviolable dépôt de l'autorité : il doit descendre lui-même sur la place publique, non pour commander le feu, grand Dieu ! cette mission appartient à d'autres, mais pour témoigner, par sa présence, que c'est l'autorité qu'on attaque dans sa personne, et que c'est l'autorité qu'il fait respecter. Il doit se montrer partout où il y a du danger, pour désarmer, s'il est possible, les plus rebelles par la voie de la persuasion, et prouver aux plus incrédules que s'il expose la vie des autres, il fait d'abord le sacrifice de la sienne.

Ou je me trompe fort, ou une pareille conduite ne peut manquer d'exciter une approbation universelle.

En France, il y a dans toutes les classes, dans tous les partis, un instinct si profond de tout ce qui est grand, de tout ce qui est légal, que même les hommes les plus disposés à résister à la légalité ne pourraient que difficilement se défendre d'une secrète approbation pour le fonctionnaire qui défendrait ainsi les lois au péril de sa vie.

Il y a parmi les natures les plus perverses tant de sympathie pour les actions généreuses, que je suis convaincu qu'un préfet qui serait assez hardi pour se présenter seul, revêtu de son costume, devant une multitude égarée, suffirait pour l'arrêter ! L'aspect de ce magistrat, calme et sans crainte, comme il convient à un homme qui a le sentiment de ses devoirs, la vue des insignes dont il est couvert, le respect qu'inspire le courage, produiraient sur les esprits même les plus prévenus, une impression à laquelle il est impossible de se soustraire, et s'il sait profiter de cet instant rapide, s'il a cette éloquence du cœur qui va droit au cœur et qui excite l'émotion, l'histoire est là pour dire qu'aux accents de sa voix la sédition pourrait s'apaiser, et qu'aux plus mauvais jours de la France, les insurgés se sont arrêtés étonnés, et ont vu leur fureur tomber avec leurs armes devant l'inébranlable fermeté du premier magistrat de la cité !

L'histoire ajoute aussi, et je voudrais déchirer ces pages sanglantes, qu'un magistrat courageux est tombé sous le fer d'un assassin, alors qu'il se présentait sans défense devant la sédition ; mais, pour l'honneur de mon pays, je suis heureux de penser que la cité tout entière protestait contre cet épouvantable forfait, en rendant les plus grands honneurs à celui qui était mort ainsi victime de son dévouement, et que cette réparation, en jetant sur ce crime un blâme universel, élevait au courage civil un monument impérissable !

DEUXIÈME PARTIE.

CHAPITRE XXII.

DES SOUS-PRÉFETS.

Tout ce que nous avons dit au chapitre *des préfets*, de l'arrivée du préfet, de la réception officielle des autorités, des audiences, des réceptions particulières, des réceptions du monde, du travail avec les employés, des rapports avec les autorités civiles, militaires, religieuses, judiciaires ; avec les maires et les conseils municipaux, avec la députation, les émeutes, peut s'appliquer également aux *sous-préfets*, sur une plus petite échelle.

Pour simplifier ce travail, nous ne reviendrons plus sur ces détails communs aux *préfets* et *sous-préfets*, que pour signaler en passant quelques points sur lesquels leur position diffère, et nous aborderons de suite ce qui est plus particulièrement relatif aux fonctions de sous-préfet.

CHAPITRE XXIII.

DÉFINITION DES FONCTIONS DE SOUS-PRÉFET.

Le sous-préfet est le premier fonctionnaire de l'arrondissement.

Placé au chef-lieu même, il est l'intermédiaire naturel entre le préfet du département et les maires des communes.

Sa circonscription administrative se trouve juste entre le département et la commune, et répond d'une manière exacte à la division du territoire.

Quelques personnes ont eu l'idée de supprimer les sous-préfets comme on a supprimé les secrétaires généraux.

Cette idée eût été tout aussi malheureuse; il eût fallu bientôt les rétablir, comme on sera forcé de rétablir les secrétaires généraux.

Mais ne nous arrêtons pas plus longtemps à cette proposition qui est puérile.

M. Romieu, ancien préfet, dans son ouvrage de l'administration sous le régime républicain, disait des sous-

préfets : « Les croire inutiles, c'est se tromper singulière-
« ment sur le jeu obligé de nos institutions. Chaque
« département est composé, en moyenne, d'à peu près
« cinq cents communes, où il est nécessaire que la main
« du Gouvernement se fasse, à chaque jour, sentir.

« Supposez le préfet, isolé au chef-lieu, à de grandes
« distances de la plupart de ces communes, forcé cepen-
« dant de correspondre avec toutes, de satisfaire aux
« besoins exprimés, de redresser les fautes commises, de
« faire justice aux réclamants, d'expliquer les lois et leur
« sens à des intelligences rebelles, de transmettre à des
« collections d'intérêts la règle d'utilité qui doit leur servir
« d'ensemble ; d'éclaircir des débats obscurs où la vue
« même des lieux joue le principal rôle ; de résoudre
« enfin, en saine équité, comme c'est toujours son pre-
« mier devoir, les questions sans cesse renaissantes où la
« propriété de chaque citoyen entre en litige avec la pro-
« priété publique, et d'arrêter les procès trop faciles et
« trop désirés qui en peuvent naître ; supposez encore
« qu'il soit livré seul aux chances de désordres civils dont
« un mince événement peut devenir la cause, et vous
« aurez imaginé, pour accomplir une telle tâche, ce que
« la nature humaine ne pourrait produire d'activité phy-
« sique et morale. Il faudrait à ce magistrat fictif un don
« d'ubiquité pour son esprit et pour son corps. Ce qu'il
« obtient, par un simple ordre à un intermédiaire placé
« près des questions, il serait contraint à l'essayer lui-
« même, ou par des voyages personnels, ou par vingt
« lettres diversement interprétées. Et pendant ce temps
« de courses ou de correspondances multiples, d'autres
« nécessités, non moins urgentes, s'accumuleraient et près

« et loin de lui, sans qu'il eût le loisir matériel d'y parer,
« j'ajoute même de les connaître.

« Or, dans tous ces cas, le sous-préfet agit par délé-
« gation, et les résultats s'obtiennent. Pour son arrondis-
« sement, il exécute la pensée du chef ; et la circonscrip-
« tion étant restreinte, la célérité est possible. Un sous-
« préfet actif, prompt au départ, exact à la correspondance,
« intelligent de la loi, neutre au sein des coteries qui se
« divisent les moindres bourgades, est, à mes yeux, le
« plus utile agent de l'administration française. Il est l'œil
« du préfet, toujours et facilement ouvert sur des intérêts
« qui ne dépassent pas sa portée ; il est aussi la main du
« préfet, toujours et facilement tendue à des besoins qui
« l'environnent. Il le renseigne, l'avertit, l'éclaire ; il le
« tient en éveil contre les faux rapports, contre les accu-
« sations passionnées : vivant dans ce milieu cruel des
« basses haines de petites villes, il sait la valeur égoïste
« de chaque dénonciation, le but caché de chaque projet
« d'utilité prétendue publique. Il les dit ; et sans lui, le
« préfet ne les apprendrait pas. Il parcourt les cantons,
« examine la marche des travaux publics, et, par là
« même, empêche les négligences. Ses rapports, toujours
« prêts, sont une arme redoutée, sans laquelle l'éloigne-
« ment deviendrait, pour beaucoup de subalternes, un
« motif aisé d'incurie. »

A ceux qui ignorent maintenant en quoi consistent les
fonctions de sous-préfet, je demande la permission de faire
voir à quels besoins ils correspondent, combien leurs
attributions sont multipliées, et quelles difficultés attendent
l'homme qui ne s'est pas préparé à cette épreuve par de
longues études administratives.

Sans doute, si l'on consulte les auteurs qui ont écrit sur l'administration, on voit que le sous-préfet n'est, la plupart du temps, qu'un *organe d'information, de transmission, de surveillance, de contrôle;* si l'on consulte au contraire la pratique, l'on verra que le sous-préfet est un des agents les plus actifs du pouvoir exécutif.

C'est que les fonctions sont ce qu'on les fait, et que celles de sous-préfet, plus qu'aucune autre, empruntent beaucoup de leur importance au mérite de celui qui les remplit.

Qu'il nous soit permis d'indiquer à ceux qui doivent parcourir la carrière, les écueils qu'ils rencontreront infailliblement sur leur route. Loin de nous la folle prétention de leur tracer les voies qui conduisent au succès, mais nous pensons que le danger dont on est averti est plus facile à éviter; et si ces quelques lignes, fruit de longues observations, peuvent atteindre ce but, nous nous estimerons heureux de les avoir écrites. Préserver du mal, n'est-ce pas déjà faire le bien?

CHAPITRE XXIV.

DÉBUT DU SOUS-PRÉFET.

Presque tous les sous-préfets qui débutent sont pleins d'illusions. Cela se conçoit : l'élu est presque toujours un jeune homme, pour qui une pareille nomination a bien de l'attrait : la pensée d'être le premier magistrat d'une ville, d'occuper une position déjà belle par elle-même, qui, pour quelques-uns (mais dans la pensée de tous), doit les conduire à une préfecture; tout cela exerce une séduction bien naturelle!

A peine entré en fonctions, le charme tombe, les mécomptes arrivent, les écueils naissent sous vos pas, et vous apprenez bien vite à vos dépens que ce pouvoir que vous avez tant envié est bien lourd à porter, et que l'autorité n'a d'attrait que pour celui qui ne l'a jamais exercée.

C'est que rien n'est plus difficile à occuper que le *premier rang*; c'est que rien n'oblige davantage, n'attire plus l'attention, j'ai presque dit l'envie, et que les exigences du public croissent à votre égard en raison de votre élévation.

Le premier et le plus commun de tous les écueils c'est celui dans lequel tombent infailliblement tous les sous-préfets qui arrivent de Paris.

Un sous-préfet qui vient de Paris (et c'est le plus grand nombre), qui ne connaît pas la province, et qui ne s'est pas dépouillé au dernier relai de tout ce qui pourrait rappeler les souvenirs de la capitale, peut être certain d'échouer.

Certes, ce n'est pas la critique de la province que j'entends faire ici : ce rôle ne me conviendrait point; assez d'autres, d'ailleurs, ont cherché à la rendre ridicule, pour que je ne veuille point tomber dans ce travers; mais il sera permis à un esprit sérieux de signaler à ceux qui n'ont jamais vécu en province les dangers qui les attendent, en les initiant d'avance à ses mœurs et à ses habitudes.

La vie de Paris, en effet, et la vie de province sont chose fort différente.

A Paris, dans le monde le plus distingué, les hommes les mieux élevés sont d'une politesse froide et réservée : on s'aborde sans se rechercher, on se rencontre par hasard, sans que l'un fasse un pas vers l'autre, on échange une parole et l'on passe outre : personne ne se croit obligé à plus de frais, et personne ne se croit en droit d'exiger davantage.

En province, ces manières déplairaient, passeraient pour du dédain. Il faut, de toute nécessité, y mettre plus de rondeur et de simplicité, et l'on saurait très-mauvais gré à un sous-préfet qui n'apporterait pas plus d'empressement à répondre aux politesses de ses administrés.

A Paris, l'on se connaît peu, chacun vit chez soi comme

il l'entend, et si, dans le monde, quelques personnes cher-
chent à en imposer, personne ne pénètre bien avant dans
leur intérieur.

En province, tout le monde se connaît ; la vie privée
est à jour, l'on sait, dans chaque famille, l'âge, l'état, la
fortune de chacun, et malheur à celui qui tenterait de
tromper son voisin, il serait à l'instant couvert de ridicule.

L'étranger qui débarque est obligé de se soumettre à
cette existence nouvelle : de quelque pays qu'il arrive, l'on
saura bientôt d'où il vient, ce qu'il a fait, s'il est garçon,
s'il est marié, s'il est riche, quels sont ses appuis, et s'il
compte rester longtemps dans le pays. Il faut qu'il se ré-
signe à cette petite inquisition, il faut plus, il faut qu'il l'accepte de bonne grâce et qu'il vive comme tout le monde,
simplement, sans prétention, en respectant les usages du
pays et en prenant sa part des petits événements qui l'agitent.

Enfin, à Paris, l'on ne voit que les gens qui vous con-
viennent, et l'on peut sans inconvénient laisser de côté
ceux qui vous déplaisent.

En province, ce choix est impossible ; il faut voir tout
le monde, sous peine de tomber dans deux écueils : ou
faire bande à part, ou se jeter dans une coterie.

Arrêtons là ce parallèle : il est évident que ces différences sont énormes, et qu'elles exigent de la part d'un
Parisien une métamorphose complète.

Ce n'est pas tout : il faut ajouter à ce tableau, pour être
vrai, qu'il y a peu de sympathie en province pour les
étrangers.

La raison en est simple : toutes les places du Gouvernement sont envahies par eux ; il y a naturellement à leur égard, de la part des habitants exclus des fonctions publiques dans leur propre pays, une secrète envie.

De plus, comme presque tous, magistrats, employés de diverses administrations, ne font souvent que passer, il est rare qu'on s'attache à eux : demain il faudrait rompre cette liaison pour en recommencer une nouvelle : on préfère n'en pas faire du tout.

La plupart des fonctionnaires en prennent assez volontiers leur parti.

Un sous-préfet ne le peut pas et ne le doit pas, sans manquer au but principal de sa mission.

Il lui est commandé, par la nature même de ses fonctions, de voir tout le monde, de vivre en bonne intelligence avec le plus grand nombre, de chercher à rapprocher tous les partis.

Quelles que soient les répugnances qu'il rencontre, s'il est obligé, pour vaincre toutes ces difficultés, de rompre avec toutes ses habitudes, de réformer son caractère et de subir celui des autres, il doit se plier à toutes ces exigences plutôt que de s'isoler.

Le public lui en saura gré, et il viendra peut-être un jour où le Gouvernement, portant aussi ses investigations sur cette partie si délicate du service, lui tiendra compte, à son tour, de ses généreux efforts (1).

---

(1) Le Gouvernement n'a de renseignements sur les sous-préfets que par le rapport des préfets : ces renseignements sont presque toujours bienveillants. Il y a quelques années, un préfet, qui avait à se plaindre de son sous-préfet, le proposait tous les ans pour une préfecture ; ce sous-préfet est mort, c'est ce qui fait que nous nous permettrons d'en parler ; mais nous citons ce fait comme la preuve du peu d'importance que ces renseignements peuvent avoir quelquefois.

quant aux préfets, le Gouvernement ne les connait que par leur correspondance et par la députation :

Dans un aperçu complet de l'administration, nous indiquerons les moyens administratifs, naturels et certains, qui permettraient au chef suprême de la grande famille administrative de connaître la valeur réelle de chacun de ses agents. Tous les hommes laborieux ne peuvent que désirer ce contrôle.

CHAPITRE XXV.

DU SOUS-PRÉFET GARÇON.

Quand un sous-préfet arrive pour prendre possession de son poste, la première question que fait le public est celle-ci : « Est il marié? » Si l'on répond non : « Ah ! tant pis, dit-on, c'eût été une maison agréable. »

S'il est marié, maintenant, tenez pour certain que sa femme sera un motif de division dans la société : « J'ai vu bien des femmes de préfet, disait, il y a quelques années, la femme d'un ministre, je n'en connais pas une seule qui n'ait fait tort à son mari. »

La position est donc fort embarrassante, et la conclusion à en tirer, c'est que, si le public est exigeant vis-à-vis des préfets et des sous-préfets, il ne l'est pas moins vis-à-vis de leurs femmes : nous examinerons donc le rôle qui leur appartient dans un chapitre particulier.

Reconnaissons, quant à présent, que la tâche d'un sous-préfet garçon est beaucoup plus facile.

Un sous-préfet, s'il n'est pas marié, n'est pas tenu d'a-voir un grand état de maison. Sans doute, s'il est riche et s'il aime à faire de sa fortune un généreux emploi, il le peut; et s'il veut recevoir, donner des dîners et des fêtes, il sera le bienvenu! S'il n'a qu'une fortune modeste (et c'est le cas le plus ordinaire), il n'est rigoureusement obligé à quelque représentation que dans trois ou quatre circonstances qui reviennent tous les ans, telles que l'arrivée du préfet à la tournée de révision, la réunion du conseil d'arrondissement, etc.

Je traiterai successivement de ces diverses solennités dans des chapitres particuliers.

Mais, avant de clore celui-ci, j'ajouterai qu'indépendamment de ces circonstances qui créent au sous-préfet des obligations auxquelles il ne lui est pas permis de se soustraire, il est à propos pour lui de retenir quelquefois à sa table un maire de la campagne qui vient lui parler de sa commune, un inspecteur général qui est en tournée, et dont les investigations sur les diverses branches de son service peuvent être utilement communiquées au sous-préfet, enfin et surtout, qu'il doit veiller attentivement à rendre à chacun politesse pour politesse, sous peine d'être accusé de vouloir faire des économies sur son traitement, reproche insensé pour quiconque connaît la modicité de ses appointements, mais dont il ne se relèverait jamais.

Enfin, je termine par cette réflexion : un sous-préfet garçon doit être irréprochable dans sa vie privée : il doit observer cette sévérité de conduite, pour lui-même d'abord, afin de donner le bon exemple, pour le public qui a les yeux sur lui, et pour le Gouvernement qu'il représente!

Un sous-préfet qui ferait des dettes ou qui aurait des maîtresses, serait sûr de compromettre sa position : la considération lui est aussi nécessaire que l'eau aux poissons. Une fois qu'il l'a perdue; il ne lui est plus possible de la retrouver.

Le jeune homme, au contraire, qui a une vie pure et sans tache, qui a pour la religion et pour ses ministres ce respect qui leur est dû, celui-là est sûr d'être considéré de tout le monde, et d'acquérir une influence qui. dans bien des circonstances, peut être fort utile au Gouvernement.

CHAPITRE XXVI.

DU SOUS-PRÉFET MARIÉ. — ROLE DE LA FEMME.

Non-seulement le sous-préfet marié doit remplir toutes les obligations imposées au sous-préfet garçon, mais il est, à raison de cette position nouvelle, dans la nécessité de recevoir les hommes et les femmes, et, par suite, de faire plus souvent les honneurs de sa maison.

Dans cette tâche difficile il est secondé, je le reconnais, par sa femme, à qui revient plus particulièrement l'honneur et la difficulté de cette branche de l'administration; c'est donc ici le lieu d'examiner la part que la femme d'un préfet et d'un sous-préfet est appelée à prendre dans cette partie si délicate qu'on peut appeler l'administration de salon.

Ce rôle est tel qu'il exigerait en vérité, pour le bien remplir, une éducation toute spéciale.

Toute la difficulté consiste à plaire aux femmes : or, on enseigne bien à une jeune personne tout ce qui peut contribuer à plaire aux hommes, et souvent même ses dispositions naturelles lui tiennent lieu d'enseignement: on n'apprend nulle part à une femme à se concilier les bonnes grâces de son sexe : il y a mieux, c'est que ces deux genres de succès s'excluent d'ordinaire, et que les qualités qui sont un mérite aux yeux des hommes, sont presque toujours un titre de réprobation aux yeux des femmes.

Aussi, l'expérience prouve que les femmes de préfet et de sous-préfet qui réussissent le mieux ne sont ni les plus belles, ni les plus élégantes, ni les plus spirituelles, mais bien celles qui, par une attention toute particulière, ont le rare talent de n'écraser personne, et trouvent le moyen de se faire pardonner, et le rang qu'elles occupent et leur supériorité, si elles en ont une, de grâce, d'élégance et d'esprit; celles enfin qui, par une abnégation presque absolue d'elles-mêmes, renoncent pour leur propre compte à attirer vers elles l'attention et les suffrages du monde pour s'occuper exclusivement et indistinctement de toutes les personnes qui composent leur société.

Je m'empresse de reconnaître que c'est beaucoup exiger, et que, dans le public même qui se montre partout si sévère, il serait souvent difficile de trouver une seule femme qui fût capable de pareils sacrifices; mais je l'ai déjà dit ailleurs : je ne sache pas de position qui oblige plus que celle de préfet et de sous-préfet.

C'est, pour le mari comme pour la femme, une vie perpétuelle de préoccupations et d'étude! Il faut être sans cesse en garde et contre ce que l'on dit, et contre ce que l'on fait, et se pénétrer de cette triste vérité : c'est que le public est naturellement peu porté à l'indulgence, et qu'il saisit avec plus d'empressement l'occasion de vous blâmer que de vous approuver. Maintenant, voyons quels moyens le Gouvernement met à la disposition du sous-préfet pour recevoir le public.

CHAPITRE XXVII.

DU TRAITEMENT DES SOUS-PRÉFETS.

Le traitement d'un sous-préfet est de *trois mille francs*; le fait est à peine croyable; il est pourtant vrai! Trois mille francs au fonctionnaire qui représente plus particulièrement le Gouvernement; trois mille francs pour donner des bals, des soirées, des dîners; *point d'autres frais de représentation, point de mobilier*; à peine de quoi payer ses employés, *et cinq cents francs de retraite pour trente années de service*; telle est la position des sous-préfets en France, encore en 1852!

Cet état de choses est si généralement blâmé, et si contraire à la dignité du pouvoir, et le remède serait si facile, que je demande la permission de consacrer à cette grave question un chapitre à part.

Pour se rendre un compte exact de la situation des sous-préfets, il faut remonter à l'origine de leur création.

Ce côté historique de la question ne sera pas le moins curieux.

La loi du 28 pluviôse an VIII porte ce qui suit :

« Article 8. Dans chaque arrondissement communal, il y aura un sous-préfet.

« Article 23. Le traitement des sous-préfets, dans les villes dont la population excédera 20,000 habitants, sera de 4,000 fr., et de 3,000 fr. dans les autres. »

Ainsi, 3,000 fr., depuis l'origine des sous-préfectures, tel est le traitement des sous-préfets en France, excepté dans les villes de Toulon, le Havre, Boulogne, Dunkerque, Reims, Saint-Étienne, Brest, Arles et Saint-Quentin.

A la même époque, la même loi, article 21, en créant les préfets, fixait leur traitement ainsi qu'il suit :

8,000 fr. dans les villes au-dessous de 15,000 habitants ;

12,000 fr. dans les villes de 15,000 à 30,000 habitants ;

16,000 fr. dans les villes de 30,000 à 45,000 habitants ;

20,000 fr. dans les villes de 45,000 à 100,000 habitants ;

30,000 fr. à Paris.

Enfin, à cette époque (année 1800), où naissaient et s'organisaient à la fois, tels qu'ils existent encore aujourd'hui, les tribunaux, l'administration, les receveurs généraux et particuliers, un arrêté du 23 floréal de la même année portait ce qui suit :

Article 15 (je copie textuellement) :

Le traitement d'un ambassadeur sera de... 10,000 fr.

D'un ministre plénipotentiaire, de.... 6,000

D'un premier secrétaire de légation, de 2,400

D'un deuxième secrétaire de légation, de 1,000

Maintenant, établissons des rapprochements.

Je ne parlerai pas des ambassadeurs, des ministres plénipotentiaires, des secrétaires d'ambassade ; la différence qui existe entre leur traitement actuel et leur traitement d'origine est telle que nul ne peut l'ignorer.

Tout le monde a compris, en effet, que les hommes qui étaient chargés de représenter la France au dehors, le pouvoir exécutif au dedans, devaient être traités avec plus de libéralité.

C'est en vertu de ce principe que les préfets ont été aussi successivement augmentés.

L'Empire est venu ; il a porté le minimum du traitement des préfets, qui était de **8,000** fr., à **20,000** fr.

Que dire maintenant de celui des sous-préfets, qui n'a jamais varié jusqu'au **21** août **1845**, époque où a paru une ordonnance royale ainsi conçue :

« Article 1er. Le traitement des sous-préfets est fixé à la somme de 1° 6,000 fr. dans les villes de :

Saint-Quentin,	Reims,	Bayonne,
Aix,	Lunéville,	Châlon-s.-Saône,
Arles,	Verdun,	Saint-Denis,
Rochefort,	Lorient,	Sceaux,
Brest,	Cambrai,	Dieppe,
Alais,	Douai,	Le Havre,
Béziers,	Dunkerque,	Abbeville,
Vienne,	Valenciennes,	Castres,
Saint-Étienne,	Boulogne,	Toulon.
Cherbourg.	Saint-Omer.	

2° de 4,000 fr. dans les villes de :

Sedan,	Morlaix,	Villeneuve-d'Agen,

Narbonne,	Lodève,	Saumur,
Lisieux,	Saint-Malo,	Riom,
Bastia,	Issoudun,	Autun,
Beaune,	Dôle,	Moissac,
Bergerac.	Roanne.	Grasse et Sens.

Tel est l'historique des traitements des préfets et des sous-préfets, depuis la création.

Il résulte de cet exposé que le sort de quarante-huit sous-préfectures a été amélioré, et que celui de deux cent trente sous-préfets est resté le même, c'est-à-dire ce qu'il était il y a cinquante ans.

Or, je le demande, est-ce que 3,000 fr. en l'an VIII seraient encore 3,000 fr. en 1852?

Est-ce que la dépréciation du numéraire, l'augmentation du prix des denrées ne s'est pas fait sentir pour les sous-préfets comme pour tout le monde?

Est-ce que la conséquence logique, rigoureuse, de l'augmentation de traitement de tous les fonctionnaires, ne devait pas avoir pour résultat, aux yeux de tous les esprits sérieux, d'augmenter celui de tous les sous-préfets?

J'ignore, je l'avoue, ce qu'on pourrait répondre à ce raisonnement, et je ne me rends pas compte de la différence qu'on établit, par exemple, entre les préfets et les sous-préfets, sur ce point.

Les sous-préfets ont à faire manœuvrer une armée de 38,623 maires, voilà pour l'administration. Ils concourent dans les limites permises aux élections, tout autant que les préfets, voilà pour la politique. Comme eux, ils doivent avoir maison ouverte, voilà pour la représentation.

Un préfet ouvre ses salons au chef-lieu du département, un sous-préfet au chef-lieu d'arrondissement.

Un préfet traite son conseil général, un sous-préfet son conseil d'arrondissement.

Un préfet donne deux ou trois grands dîners et deux ou trois soirées ou bals, presque tous les sous-préfets en font autant.

On est aussi exigeant pour les uns que pour les autres ; le luxe est partout le même, et la seule différence que j'y voie, c'est qu'un préfet mange son traitement et qu'un sous-préfet mange sa fortune.

Eh bien ! cela n'est pas juste, et tout le monde est d'accord pour le proclamer.

Tout le monde reconnaît qu'un sous-préfet doit tenir dans une ville le rang qui convient au représentant du Gouvernement. Le public l'exige, sa propre dignité le commande, certaines circonstances dont nous parlerons lui en font un impérieux devoir !

Eh bien ! comment veut on qu'un sous-préfet, qui reçoit 3,000 fr. du Gouvernement, puisse suffire à cette position ? Comment pourrait-il, même sans le secours de sa fortune personnelle, vivre honorablement ?

J'entends dire partout : C'est impossible ! les sous préfets ne sont pas assez rétribués !

Et voilà un demi-siècle que cet état de choses dure !

Nous ne cesserons d'appeler l'attention du Gouvernement sur ce point.

CHAPITRE XXVIII.

DES PREMIÈRES VISITES.

L'article 19, section 2, titre 17, du décret du 24 messidor an XIII, sur les préséances, est ainsi conçu :

« *Les sous-préfets arrivant au chef-lieu de leur sous-préfecture seront attendus dans leur demeure par le maire, qui les complimentera : ils y recevront la visite des chefs des autorités dénommés après eux, et la rendront dans les vingt-quatre heures.* »

Voilà la loi : nulle part elle n'est exécutée. Je n'en accuse personne, mais enfin je constate ce fait; c'est que, dans la pratique, les choses se passent autrement, et que si un sous-préfet qui débute s'en tenait au pied de la lettre, je ne sais pas bien si, dans l'état actuel des choses, l'exécution de cet article 19 serait toujours possible.

Voyons l'usage :

Les premières personnes que voit un sous-préfet qui

arrive sont les employés de la sous-préfecture. Il y a à cela deux raisons :

La première, c'est que la seule partie meublée de l'hôtel de la sous-préfecture sont les bureaux, et qu'en cela la loi, d'ailleurs si parcimonieuse, du 10 mai 1838 à l'égard des sous-préfets, s'est montrée pourtant prévoyante, car, sans cette précaution, je ne sais pas bien où les employés de la sous-préfecture auraient pu continuer leurs travaux entre le départ d'un sous-préfet et l'arrivée souvent fort tardive de son successeur.

Le second motif, c'est que personne n'a plus d'intérêt que les employés à voir le nouveau sous-préfet et à lire sur sa figure s'ils peuvent espérer qu'il les conservera.

La première parole que le sous-préfet prononce est donc pour eux un arrêt de vie ou de mort.

Cette classe si intéressante de fonctionnaires, si digne de la sollicitude du Gouvernement, est, dans l'état actuel de la législation, le legs que se transmettent tous les préfets et sous-préfets qui se succèdent ; legs qu'ils peuvent répudier et qu'ils répudient quelquefois : leur existence est donc mise en question à chaque avénement de préfet et de sous-préfet ; c'est certainement là un malheur contre lequel un grand nombre d'esprits généreux se sont élevés, et auquel il serait facile de porter remède.

Après les employés viennent les fournisseurs : ce sont, à d'autres titres, pour le sous-préfet, les plus empressés de ses administrés.

Enfin, viennent le maire et les adjoints, lorsqu'ils sont prévenus, soit officiellement, soit par la rumeur publique, de l'arrivée du sous-préfet ; puis successivement, pendant huit jours environ, tous les fonctionnaires publics, selon leur convenance, la loi n'ayant pas dit dans quel délai cette première visite est obligatoire pour eux.

Cependant, je crois qu'il est permis, sans donner à l'article 19 du décret une interprétation forcée, de conclure de ces termes que cette visite est due le jour même de l'arrivée du sous-préfet.

Mais ici se présente une première difficulté : où le sous-préfet recevra-t-il tous les fonctionnaires, s'ils viennent lui rendre visite tous à son arrivée?

Sera-ce dans son hôtel, qui n'est pas meublé (1)? dans un salon qui n'a que les quatre murs, ou dans son cabinet, dont l'ameublement, aux frais du département, se compose le plus souvent de quatre chaises et d'un fauteuil de bureau? Évidemment, une aussi étroite enceinte n'y suffirait pas.

---

(1) Les préfectures sont meublées, les sous-préfectures ne le sont pas. Si l'on demandait à quelqu'un de sensé pourquoi un sous-préfet qui n'a que 3,000 francs de traitement, qui peut changer et qui change souvent de résidence, est obligé d'acheter des meubles, quand un préfet, mieux rétribué, plus sédentaire, n'en achète pas, il serait fort embarrassé pour trouver à cette différence une explication satisfaisante.

La seule chose que l'on puisse alléguer comme excuse à une semblable inconséquence, c'est que les préfectures se trouvant meublées, la loi du 10 mai 1838 n'a fait que consacrer un état de choses déjà existant, en déclarant (art. 12) que *l'ameublement* et *l'entretien* du mobilier des préfectures serait à la charge du département : c'était là une libéralité peu coûteuse.

Mais comment, lorsqu'il était si rationnel et si facile d'y ajouter *et celui des sous-préfectures*, s'est-on borné à dire *le mobilier des bureaux de sous-préfecture* ? C'est également par un motif d'économie malentendu ! On a pensé qu'il serait trop lourd de faire supporter aux départements l'ameublement des hôtels de sous-préfecture, et l'on a procédé dans cette circonstance comme toujours par division : ainsi d'abord, on a exigé que tous les sous-préfets fussent logés aux frais des départements, ce qui a entraîné pour eux une dépense quatre fois plus coûteuse que celle qu'entraînera l'ameublement; en 1838, on a fait meubler le cabinet et les bureaux du sous-préfet, espérons qu'en 1852 on fera le reste.

Maintenant, dans quelle tenue les recevra-t-il? en costume de voyage, ou en habit brodé?

Il semble qu'il serait plus convenable que cette réception eût lieu de part et d'autre avec plus de solennité; mais ce point aurait encore besoin d'être réglementé.

En dernière analyse, les réceptions des préfets et sous-préfets, à leur arrivée, devraient être les mêmes; mais qui veut la fin veut les moyens; or, les préfectures sont meublées, les sous-préfectures ne le sont pas : c'est là un premier obstacle à faire disparaître, et il le sera, le jour où le Gouvernement voudra le proposer.

J'irai plus loin : je ne mets pas en doute que si les conseils généraux étaient appelés à voter la dépense nécessaire pour pourvoir à l'ameublement des hôtels de sous-préfecture, dépense peu importante, quant au chiffre, et qui pourrait d'ailleurs être répartie en plusieurs années, la plus grande partie des conseils généraux ne consentît à le faire, alors même qu'un article de la loi ne rendrait pas cette dépense obligatoire pour eux.

Maintenant, constatons quelques différences.

Il n'existe pas entre un sous-préfet et les autorités qui l'entourent la même distance que celle qui sépare un préfet des divers fonctionnaires du département : l'attitude de l'un ne doit donc pas être absolument celle de l'autre.

Le préfet, d'ailleurs, est le plus souvent un homme d'un certain âge, maître des requêtes ou conseiller d'État, officier ou commandeur de la Légion d'honneur; l'autre est ordinairement un homme encore jeune, quelquefois sans expérience, et ne commandant le respect ni par ses cheveux blancs, ni par ses services, ni par le pouvoir dont il est revêtu : tout lui indique donc qu'il doit apporter dans cette première rencontre beaucoup plus de simplicité, sous peine de froisser dès le premier jour de très-vives susceptibilités.

Il rendra ses visites, dans les vingt-quatre heures, aux fonctionnaires qui l'ont visité : il aura tout le mois, ensuite, pour faire ses visites de société, soit seul, soit avec sa femme, s'il est marié.

La question de savoir où commencent les relations de société dans une petite ville, et où elles finissent, est une question assez délicate qu'il ne faut pas légèrement trancher ; il est bon de s'en rapporter sur ce point à la personne de la ville la mieux placée pour vous renseigner ; enfin, dans le doute, il vaut mieux étendre la limite que de la restreindre : cela a moins d'inconvénient.

Toutes ces visites lui sont ordinairement rendues dans la huitaine ; il est inutile de dire qu'à cette époque le sous-préfet doit être assez convenablement installé pour pouvoir recevoir tout le monde.

Ces premières politesses une fois échangées, les relations du monde sont établies ; restent les relations d'affaires à entamer avec tous les maires de l'arrondissement, avec tous les hommes qui, de près ou de loin, ont quelques intérêts à débattre avec l'administration. C'est donc ici le moment d'examiner en quoi consiste le roulement d'affaires d'une sous-préfecture, et quelles connaissances administratives sont particulièrement nécessaires au sous-préfet chargé de représenter dignement l'administration dans son arrondissement.

CHAPITRE XXIX.

TRAVAIL MATÉRIEL DES SOUS-PRÉFECTURES.

Nous avons vu qu'un préfet était entouré de cinq ou six chefs de bureau vieillis dans les affaires, et ayant chacun depuis longtemps une spécialité qui permet à un préfet de s'en reposer sur eux du poids des affaires courantes : il n'en est malheureusement pas de même des sous-préfets.

Ils n'ont le plus souvent près d'eux qu'un secrétaire et deux expéditionnaires, et les frais de bureaux (1) qui leur.

---

(1) Tous les préfets et sous-préfets se plaignent de l'insuffisance des frais de bureaux. Il suffit de comparer l'accroissement toujours progressif des affaires depuis quinze ans, pour s'en rendre compte ; c'est là un argument sans réplique, car il est basé sur des chiffres faciles à vérifier.

Mais il est un autre point sur lequel je veux appeler l'attention de l'administration supérieure, *c'est la répartition du fonds d'abonnement.*

Qu'est-ce que le fonds d'abonnement? à quel usage est-il destiné? sur quelle base doit-il être réparti?

Le fonds de l'abonnement est destiné à couvrir les frais de bureaux, voilà sa destination exclusive.

Il sert à solder le personnel et le matériel d'une sous-préfecture, pas autre sont alloués ne leur permettent pas d'avoir un personnel plus nombreux.

---

chose ; il ne peut avoir pour base que la plus grande somme d'affaires que comporte telle ou telle sous-préfecture.

Or, quel est le moyen précis, mathématique, de connaître le nombre des affaires d'une sous-préfecture ? Il n'en existe qu'un seul, et je vais le dire.

Sera-ce de prendre en considération l'importance d'une ville, le chiffre de la population de l'arrondissement, l'étendue de son territoire, le grand nombre de ses cantons ?

1° *L'importance d'une ville.* Entendons-nous : s'il s'agit de représenter, il est hors de doute que les frais de représentation sont plus considérables dans une grande ville que dans une petite, et que dès lors c'est avec justice que le traitement des sous-préfectures importantes et peuplées a été augmenté ; mais il ne faut pas confondre les frais de représentation ou le traitement avec les frais de bureaux : ces derniers font face à l'expédition des affaires ; or, ces affaires sont-elles plus considérables dans une grande ville que dans une petite, voilà toute la question. Eh bien, je ne crains pas de répondre négativement : j'irai plus loin, je dirai que, dans une grande ville où la mairie emploie un personnel nombreux d'employés, la sous-préfecture est moins occupée. La raison en est simple : les affaires s'expédient plus vite et avec plus d'intelligence, et l'organisation même de la mairie d'une grande ville vient à la décharge des bureaux de la sous-préfecture.

2° *Le chiffre de la population de l'arrondissement.* Ce point n'est pas décisif, mais il est certain qu'il est de nature à être pris en considération : il rentre du reste dans notre appréciation.

3° *L'étendue du territoire.* Nous en dirons autant de ce motif, il faudrait bien se garder de l'adopter pour base exclusive, car ce n'est pas toujours une raison certaine d'accroissement dans le nombre des affaires.

4° Enfin *le nombre des cantons.* Ce motif n'a aucune valeur, et n'augmente que le nombre des tournées du sous-préfet et du préfet : voilà tout.

Sur quelle base peut-on donc établir d'une manière infaillible le nombre d'affaires d'une sous-préfecture ?

Nous n'en connaissons qu'une seule : *c'est sur le nombre des communes* d'un arrondissement, toutes les autres bases vous conduiront à des conséquences fausses.

Le nombre des communes, au contraire, dont le chiffre est fixé dans l'Almanach national, vous permet d'établir une proportion juste et facile, et tous ceux qui connaissent les détails d'une sous-préfecture reconnaîtront que c'est là la véritable source de l'augmentation des affaires : plus il y a d'administrations communales, de maires, plus il y a d'ordres à donner, d'affaires à traiter ; il suffit d'établir un casier sur lequel est inscrit le nom de chaque commune, pour voir, à la fin de l'année, la différence dans le nombre des dossiers expédiés,

Comme les préfets, les sous-préfets ont tous les jours une correspondance nombreuse : de tous les coins de leur arrondissement il leur arrive des demandes de toute espèce, auxquelles il importe de répondre le jour même ; autrement, le jour qui suit, et qui apporte aussi son tribut, finirait par les encombrer. Ceci forme, avec les signatures de certificats et les légalisations de la signature des maires, le pain quotidien d'une sous-préfecture.

Maintenant, en matière de contributions et d'impôts, chaque année le sous-préfet rassemble à l'avance tout ce qui doit être soumis aux délibérations du conseil d'arrondissement. C'est lui qui prépare les éléments de l'impôt assigné à l'arrondissement, de la répartition entre les communes ; c'est lui qui instruit les réclamations des diverses localités, qui fait délibérer les conseils municipaux, qui prend l'avis des agents de l'administration, qui soumet le tout au conseil d'arrondissement.

La répartition une fois arrêtée par le conseil d'arrondissement, c'est lui qui expédie *les mandements*.

S'agit-il de poursuites auxquelles peut donner lieu le recouvrement des contributions par les percepteurs ?

Aucun acte, aucune saisie, aucun commandement ne peuvent être dirigés contre un contribuable que le sous-préfet n'ait *autorisé* ces poursuites, apposé son visa sur les pièces, *taxé lui-même* et liquidé les frais. Des motifs politiques d'un ordre élevé ont voulu que les préfets et les sous-préfets restassent juges de l'opportunité de ces moyens de rigueur, et ils n'accordent jamais l'autorisation de vendre les meubles d'un contribuable en retard de payer ses impôts, qu'après avoir épuisé toutes les voies de la persuasion et s'être assurés par eux-mêmes que le contribuable récalcitrant est en état de s'acquitter.

Enfin s'agit-il des nombreuses réclamations auxquelles donnent lieu les contributions de toute nature lorsque les rôles de chaque année sont mis en recouvrement?

C'est encore au sous-préfet qu'il faut s'adresser : c'est lui qui ouvre un registre de réclamations, pendant le délai accordé aux contribuables pour réclamer; c'est lui qui instruit toutes les demandes en *décharge* ou *dégrèvement, remise* ou *modération*, faites par les particuliers ; c'est lui qui fait constater les pertes éprouvées par grêle ou inondations, qui fait procéder aux expertises, et transmet successivement le dossier de chaque affaire aux maires, aux répartiteurs, au contrôleur et au directeur des contributions directes, chargés de donner leur avis : il donne ensuite le sien, et adresse le tout à la préfecture, pour être statué par le préfet ou par son conseil ce qu'il appartiendra.

L'impôt une fois perçu et l'argent des contribuables rentré dans les caisses des percepteurs, le *contrôle* du sous-préfet est encore nécessaire pour l'en faire sortir.

Chaque fois qu'un percepteur vient faire un versement à la caisse du receveur particulier, *le visa* du sous-préfet sur sa quittance est indispensable pour opérer la décharge du comptable vis-à-vis du trésor; un registre est ouvert à la sous-préfecture, où sont fidèlement enregistrés tous les *récépissés* de la recette, avec le numéro d'ordre correspondant: les *talons* sont adressés au receveur général, et le sous-préfet est tenu d'en transmettre exactement le *relevé* au ministre des finances.

Enfin un *envoi de fonds* est-il fait par le receveur particulier au receveur général, ce qui a lieu tous les dix jours, c'est encore le sous-préfet qui autorise cet envoi, qui requiert l'escorte de la gendarmerie, qui le constate enfin sous sa responsabilité, car l'expédition décharge le comptable.

Voilà pour les contributions, pour les finances ; on voit que la responsabilité d'un sous-préfet y est souvent et sérieusement engagée.

Passons au recrutement de l'armée, à cet autre impôt prélevé sur la population, et qui exige tant de soins, tant de régularité, tant de justice, et de la part du sous-préfet une si scrupuleuse attention.

Chaque année, sur l'invitation des sous-préfets, tous les maires doivent procéder dans le mois de décembre au *recensement* des jeunes gens nés ou domiciliés dans leur commune, et ayant atteint ou devant atteindre l'âge de *vingt ans* avant l'expiration de l'année, et en envoyer la liste à la sous-préfecture.

Le 1er janvier, les tableaux de recensement, sur lesquels doivent être inscrits tous les jeunes gens faisant partie de la classe de l'année, sont adressés aux maires par les sous-préfets en double expédition : une de ces expéditions doit rester entre les mains du maire et faire partie des archives de la mairie, l'autre devra être retournée aux sous-préfets chargés de la *reviser*.

Or, cette révision des tableaux de recensement de toutes les communes d'un arrondissement constitue une des parties les plus délicates de l'administration du sous-préfet.

La question de savoir si un jeune homme doit être inscrit sur le tableau de recensement de telle commune où il est né, de telle autre ou il est domicilié, de celle où demeurent ses parents (et c'est là ce qu'on doit faire), amène un échange de correspondance interminable entre les maires de ces diverses communes : c'est le sous-préfet qui tranche ce différend.

L'inscription d'*office* sur les listes du tirage des jeunes gens *omis* des classes antérieures, des *orphelins*, des *élèves des hospices*, des *étrangers* qui ne justifient pas de leur nationalité, des *absents*, des *condamnés* qui ne sont pas déclarés incapables de servir dans l'armée française par l'article 2 de la loi du 21 mars 1832 (1), en un mot de tous ceux qui sont signalés par la notoriété publique; tout cela est réservé à l'appréciation et à la vigilance du sous-préfet.

Les tableaux de recensement sont publiés et affichés dans chaque commune par les soins des maires; ils restent ouverts jusqu'au jour du tirage; chacun est invité à en prendre connaissance et à venir faire sa déclaration à la mairie; enfin, le jour fixé par le décret pour procéder au tirage, le sous-préfet, en présence de tous les maires, fait donner lecture de tous les tableaux de recensement, les rectifie s'il y a lieu, et les arrête définitivement.

---

(1) Cet article est ainsi conçu :

« Les individus qui ont été condamnés à une peine *afflictive* ou *infamante*, ceux condamnés à une peine correctionnelle *de deux ans* d'emprisonnement et au-dessus, et qui, en outre, ont été placés, par le jugement de condamnation, sous la *surveillance* de la haute police, et *interdits* des droits civiques, civils et de famille. »

Les peines *afflictives* et *infamantes* sont: les travaux forcés à perpétuité, la déportation, la détention dans une forteresse de l'Etat, la reclusion dans une maison de force.

Les peines *infamantes*, sans être afflictives, sont: le bannissement, la dégradation civique. (*Extrait du Code pénal.*)

Enfin la réunion de *l'emprisonnement*, de la *surveillance* et de *l'interdiction* est nécessaire pour prononcer l'exclusion.

C'est alors, c'est lorsque le nombre des jeunes gens qui doivent prendre part au sort est irrévocablement arrêté, que le sous-préfet met dans l'urne le nombre de numéros correspondant.

Nous parlerons de l'opération du tirage dans un chapitre particulier : le sujet comporte des développements qui ne pourraient trouver place dans cette simple énumération des principales attributions du sous-préfet; nous dirons seulement, dès à présent, que c'est une épreuve des plus redoutables, à laquelle il n'est pas possible de s'exposer sans une connaissance approfondie de la matière, et sans compter avec un soin minutieux tous les numéros mis dans l'urne (1).

Après le tirage, viennent les ordres de départ : c'est encore le sous-préfet qui intervient, qui donne les feuilles de route, les certificats de libération, qui empêche enfin, par son visa, que des passe-ports ne soient délivrés à des retardataires ou à des déserteurs.

Enfin, s'agit-il de convois militaires, de transports de vivres, de fourrages, d'entrée ou de sortie à l'hôpital, de militaires voyageant isolément ou en corps, c'est encore le sous-préfet qui apparaît pour remplir les fonctions fort

---

(1) Il est arrivé que des sous-préfets ou des conseillers de préfecture, en remplissant les fonctions au chef-lieu, ont mis dans l'urne ou *plus* ou *moins* de numéros qu'il n'y avait de jeunes gens inscrits sur la liste du tirage.

Lorsqu'il y en a *plus*, le jeune homme qui tire le dernier numéro peut se refuser et se refuse à tirer et à faire un choix douteux ; il demande qu'on lui attribue le numéro le plus élevé restant : voilà une première difficulté.

Lorsqu'il y en a *moins*, les jeunes gens qui arrivent pour tirer les derniers numéros, n'en trouvant plus, ne peuvent plus et ne veulent plus courir aucune chance : c'est une perte pour l'armée.

Cette faute est tellement grave qu'elle a entraîné la destitution des fonctionnaires qui l'avaient commise.

difficiles, souvent minutieuses et pourtant gratuites de *sous-intendant militaire* (1).

Je passe aux élections :

Je ne parle pas de la partie politique des élections, c'est un sujet qu'il est impossible de traiter d'une manière satisfaisante pour tout le monde : à part quelques points sur lesquels tous les esprits sages qui ont approfondi les exigences du Gouvernement représentatif sont d'accord, le reste sera toujours un éternel sujet de discussion.

Toutes les lois que l'on a faites depuis 1830, tendent à augmenter dans une proportion immense les travaux de l'administration. Si j'entrais ici dans le détail de toutes les démarches, de tous les renseignements, de toute la correspondance, de toutes les écritures, enfin, que nécessite le travail annuel de la confection, de la rectification, de la publication des listes électorales et du jury, des élections successivement répétées de tous les corps délibérants, de l'instruction et de l'examen de toutes les réclamations relatives aux élections, de la nomination et du renouvellement de tous les maires et adjoints, de tous les officiers de la garde nationale, j'effrayerais le zèle des plus robustes ; je ne dirai qu'un mot : quand arrive ce

---

(1) Nous ne saurions trop recommander aux sous-préfets de se bien pénétrer de l'ordonnance relative à ce service, sous peine d'être rendus responsables *personnellement* et *sur leurs deniers* des erreurs qu'ils auraient commises.

L'auteur de cet article a vu mettre à la charge d'un sous-préfet, par le ministère de la guerre, une somme de 15 fr. 50 c. pour un convoi qu'il avait indûment accordé à un militaire. Cette rigueur vis-à-vis des sous-préfets, chargés *gratuitement* du service de l'intendant peut être diversement jugée, et je ne mets pas en doute qu'une réclamation faite au ministère de l'intérieur ne déchargeât le sous-préfet qui n'est point un comptable ; mais le précédent existe, et je le cite pour qu'il serve d'avertissement.

surcroît de besogne, les préfets comme les sous-préfets sont obligés d'augmenter le personnel de leurs employés, autrement ils n'y suffiraient pas.

La loi du 21 mai 1836, sur les chemins vicinaux, est venue à son tour étendre démesurément les attributions du sous-préfet.

Il y a des localités où l'ouverture de ces belles voies de communication forme l'occupation la plus importante de l'administration ; c'est l'orgueil et la gloire des administrateurs, parce que c'est la fortune du pauvre et la richesse du pays.

Mais, malgré le zèle des agents voyers, la bonne volonté des maires, combien l'exécution matérielle de cette loi est difficile.

Il faut que le sous-préfet surveille toutes les parties de cette branche de son administration, le travail relatif à la reconnaissance, à la fixation, à la confection, à l'entretien des chemins vicinaux, le bon emploi des prestations en nature, les conversions en tâches, l'emploi des fonds centralisés de toutes les communes intéressées à un chemin de grande communication, la part contributive de chaque commune, l'application des subventions départementales, les poursuites à exercer contre les usiniers qui dégradent les chemins dont la bonne viabilité a été reconnue légalement, les actions en indemnités de terrain en expropriation, les adjudications publiques : voilà les difficultés de tous les jours que soulève cette loi, qui pèse de tout son poids sur le zèle des sous-préfets, mais qui a doté le pays d'un immense bienfait ; les hommes passent vite, mais les chemins restent, et, si l'on oublie souvent les premiers, on profite toujours des seconds.

Parlerai-je aussi de la loi sur la garde nationale, bien qu'en temps de paix son exécution soit un peu négligée ?

Aux termes de cette loi, le sous-préfet doit veiller à la formation des bataillons cantonaux, aux cadres de la mobilisation, à l'organisation des conseils de discipline, des jurys de révision, à l'armement et à la conservation des armes, à la nomination des officiers.

La garde nationale n'existe plus, dit-on, que sur les contrôles : cela est possible, mais tant que ces contrôles seront bien tenus, son organisation sera facile le jour où elle serait nécessaire.

Enfin est arrivée la loi du 18 juillet 1837, sur l'administration municipale, et dans cette loi, l'intervention du sous-préfet est de tous les instants.

S'agit-il d'une autorisation d'acquérir, d'aliéner, de plaider ou de transiger, demandée par une commune ou un particulier?

Il faut que le sous-préfet instruise l'affaire, c'est-à-dire qu'il veille à ce que le conseil municipal délibère, à ce que le comité consultatif donne son avis ; qu'il se transporte lui-même, s'il le faut, pour juger par ses propres yeux du litige, ou de la nécessité du procès, et ce n'est que lorsque toutes ces formalités sont remplies, qu'il peut adresser ce dossier à la préfecture avec son avis motivé.

Aux termes de cette loi, il doit aussi examiner les comptes des communes, des hospices, des bureaux de bienfaisance, et voir s'ils ne dépassent pas les prévisions de leur budget.

Ce contrôle doit-il se borner à *un vu et approuvé le présent compte et les pièces à l'appui?* Nous ne le pensons pas.

Le conseil de préfecture juge tous les comptes des communes (dont les revenus ne s'élèvent pas à **30,000** fr.); il rejette impitoyablement ceux qui ne sont pas en règle; or, il est toujours fâcheux de voir des comptes approuvés par le sous-préfet, rejetés par le conseil de préfecture.

Les sous-préfets s'épargneront ce désagrément, en examinant attentivement les budgets des communes, en s'assurant si les crédits n'ont pas été dépassés, si les pièces à l'appui des dépenses sont produites, si les percepteurs ont satisfait aux injonctions qui ont pu leur être faites dans le compte précédent.

La loi du 22 mars **1841**, sur le travail des enfants dans les manufactures, est confiée tout entière au zèle des sous-préfets : cette loi d'une philanthropie si éclairée, qui a pour but de protéger l'enfance contre l'excès du travail, contre le mauvais exemple, et l'immoralité qui est malheureusement si grande dans les cités manufacturières, n'est sérieusement exécutée que dans les localités où la persévérance des sous-préfets triomphe des difficultés de toute nature qui entourent l'exécution de cette loi.

Tous les trois mois, un rapport détaillé doit être adressé au ministre du commerce; le sous-préfet s'adresse aux inspecteurs chargés chacun de surveiller un certain nombre de manufactures; il les prie de s'assurer si les enfants ont l'âge de 8 à 12 ans requis pour être admis dans un atelier, s'ils travaillent plus de 12 heures, s'ils ont un livret qui constate qu'ils ont fréquenté l'école, et ce n'est qu'à grand'peine, on le conçoit, que l'on peut obtenir tous ces renseignements.

Une loi non moins philanthropique et dont l'initiative appartient encore, je crois, à la Chambre des pairs, est venue confier à l'administration le sort des aliénés : c'est la loi du 30 juin **1838**.

Aux termes de cette loi, tous les départements sont tenus d'avoir un établissement destiné à soigner les aliénés.

Ces établissements sont placés sous l'autorité publique, c'est-à-dire sous le contrôle des autorités administratives, judiciaires et municipales.

Les placements des aliénés sont volontaires ou forcés.

En cas de danger imminent pour la sécurité publique, les maires ont le droit de prendre toutes les mesures provisoires à l'égard d'un aliéné, à la charge d'en rendre compte au préfet dans les vingt-quatre heures.

Tous les hospices et hôpitaux civils sont tenus de recevoir les aliénés provisoirement, jusqu'à ce qu'ils soient dirigés sur l'établissement du département, ou dans le trajet qu'ils font pour s'y rendre.

Dans aucun cas, les aliénés ne peuvent être déposés dans une prison, ni confondus avec les prévenus ni les condamnés.

Voilà les principales dispositions de cette loi toute d'humanité : elle abroge complétement l'ancienne législation qui remontait à **1790**, et en vertu de laquelle un insensé ou un fou furieux était déposé dans une prison, au milieu des criminels, jusqu'à ce que le procureur du roi eût provoqué et fait prononcer son interdiction.

La loi nouvelle, où l'intervention des préfets et des sous-préfets est de tous les instants, est une conquête de ce siècle, et une gloire véritable pour les législateurs qui l'ont préparée.

Enfin, il est une loi que les grands travaux que nécessite l'amélioration des routes, des chemins vicinaux, des tra-

verses des villes, rendent d'un usage assez fréquent : c'est
la loi du 3 mai 1841, sur l'expropriation pour cause d'utilité publique, Cette loi à laquelle les sous-préfets n'ont re-
cours qu'à la dernière extrémité, à cause des formalités et
des frais qu'elle entraîne, doit être particulièrement connue d'eux, parce que tout y est réglé à peine de nullité.
Il arrive aussi quelquefois que le sous-préfet est obligé de
se rendre de sa personne devant les douze propriétaires
formant le jury d'expropriation, pour justifier de la validité
des offres faites par l'administration, et de lutter de paroles avec l'habileté d'un homme de loi : c'est donc encore
un cas où le sous-préfet doit être personnellement au courant des plus petits détails de ces sortes d'affaires.

Enfin, il y a l'ordonnance du roi du 14 janvier 1815,
sur les établissements insalubres ou incommodes, qui divise ces établissements en trois classes, et qui appelle
l'attention toute particulière des sous-préfets, et exige leur
autorisation sur l'avis des maires et de la police locale,
lorsqu'il s'agit de la 3ᶜ classe. Le décret du 15 décembre
1810, qui contient la nomenclature de ces divers établissements, doit aussi être consulté par eux ; enfin l'instruction de toutes ces affaires est confiée à leur vigilance.

Certes, en voilà plus qu'il n'en faut pour occuper tous
les loisirs d'un sous-préfet : et cependant ce n'est pas
tout.

Il y a encore les *statistiques*, qu'il faut fournir tous les
ans, sur le mouvement de la population, sur le personnel
des prisons, tous les trois mois sur les progrès de l'industrie manufacturière, sur le commerce des céréales, sur les
assujettis à la surveillance légale de la police, sur les membres de la Légion d'honneur décédés ; sur les états de

fournitures faites aux marins voyageant isolés ou en corps;
enfin, tous les mois, sur l'état des étrangers de nation, non
subventionnés, sur les mutations survenues parmi les assujettis, sur l'état des fournitures faites aux militaires de
terre, voyageant seuls ou en corps; tous les quinze jours,
enfin, les mercuriales.

Or, les statistiques ne sont bonnes qu'à la condition
d'être exactes : pour arriver à cette exactitude, il faut un
temps, une patience, un esprit d'ordre et de méthode, et
enfin une précision dans les renseignements, qui rend
cette partie du service peut-être la plus minutieuse et certainement la plus longue de l'administration.

Je me résume. Les contributions, le recrutement, les
élections, les chemins vicinaux, l'instruction primaire, la
garde nationale, l'administration des communes, les ex-
propriations pour cause d'utilité publique, la surveillance
des enfants employés dans les fabriques, les autorisations
d'établissements insalubres ou incommodes, les conces-
sions de mines, d'usines sur les cours d'eau, les statistiques viennent tour à tour occuper tous les instants d'un
sous-préfet.

Maintenant, la police du roulage, les travaux publics,
l'inspection des prisons, la surveillance des propriétés de
l'État, les ventes qui intéressent le domaine public, les
encouragements à l'agriculture et à l'industrie, la liste des
notables commerçants, l'organisation des tribunaux de
commerce, la salubrité publique, les comices agricoles;
tout cela réclame le concours du sous-préfet, est du domaine exclusif de l'administration.

S'il est encore quelqu'un qui ose me dire *qu'un sous-*

préfet n'a rien à faire, je crois lui avoir répondu, avec la logique des faits, le plus sûr de tous les arguments. Je passe à d'autres détails de l'administration.

CHAPITRE XXX.

DU JOUR DE L'AN.

Le 1er de l'an est un jour de réception obligatoire pour le sous-préfet comme pour le préfet.

Dès le matin, ils doivent être en costume (1), prêts à recevoir tous les fonctionnaires et toutes les personnes qui se présenteront dans leurs salons.

A raison de la solennité religieuse du lendemain, le clergé et les diverses corporations religieuses se présentent ordinairement la veille, dans la soirée.

Le préfet et le sous-préfet peuvent les recevoir sans cérémonie et en famille, sans manquer à l'étiquette ; il n'en serait pas de même du lendemain.

---

(1) Le costume des sous-préfets et des maires est réglé par un arrêté du 17 floréal an VIII ainsi conçu :

Art. 1er. Les sous-préfets auront pour costume, *l'habit bleu, veste et culotte ou pantalon blanc, collet et parements* de l'habit seulement, *brodés en argent,* même dessin que les préfets ; une arme.

Art. 2. Les maires auront *un habit bleu, et une ceinture rouge à franges tricolores.*

Le jour de l'an, dès six heures du matin, les tambours de la garde nationale viennent battre au champ, à la porte de votre hôtel.

C'est une politesse bruyante qui leur vaut un pour-boire qui varie suivant les localités : en général, il importe de suivre sur ce point les traditions de ses prédécesseurs.

Dans certaines villes, les pauvres, les gens d'église, viennent aussi réclamer une part de vos libéralités : si c'est l'usage du pays, il faut s'y soumettre.

Puis, vers dix heures, les employés arrivent, et sont ordinairement reçus les premiers : dans une préfecture ils sont présentés par le secrétaire général : ils font partie de la famille, et il est à propos de leur dire quelques mots affectueux et paternels.

Puis, viennent le maire et ses adjoints, les officiers de la garde nationale, les officiers de la garnison, les membres du tribunal, les employés de toutes les administrations, les officiers retraités, et à peu près toutes les personnes de la société.

Ces visites se succèdent avec une telle rapidité, qu'on ne peut échanger de part et d'autre que quelques mots, quelques vœux ; mais cet échange doit être autant que possible cordial et gracieux.

A deux heures, le préfet et le sous-préfet interrompent ordinairement le cours de ces visites, pour rendre eux-mêmes leur visite aux principales autorités ; ils peuvent faire prendre une note exacte, par un employé de leurs bureaux, des personnes qui se présentent à leur hôtel, et ils ont tout le mois pour rendre leurs visites au reste du public.

Là, se bornent les cérémonies de ce premier jour. Bien

que ces visites ne soient point écrites dans le décret sur les préséances, elles sont consacrées par un usage si ancien, si universel, qu'on peut dire qu'elles ont acquis force de loi.

Cependant quelques doutes se sont élevés sur leur caractère obligatoire.

Plusieurs préfets et sous-préfets se sont demandé s'ils pourraient exiger cette visite d'un fonctionnaire qui voudrait s'en dispenser.

Nous dirons qu'il serait de meilleur goût de paraître ne pas s'en apercevoir; le public se chargera de faire justice de cette impolitesse ; nous estimons pourtant que, lorsque ce refus est fait avec l'intention marquée de braver l'autorité, le devoir des préfets et sous-préfets est d'en référer à l'autorité supérieure. Nous ne doutons pas que les chefs suprêmes d'une administration, quelle qu'elle soit, ne voient là une infraction aux plus hautes convenances, et n'adressent au fonctionnaire qui se l'est permise une mercuriale méritée.

Toutefois, nous appellerons de tous nos vœux une circulaire qui trancherait tous ces points laissés en litige, et apprendrait à chacun ce qu'il doit et ne doit pas faire. Excepté dans l'armée, où la discipline est si bien établie, les politesses ne se commandent pas, et le fonctionnaire qui en est réduit à les exiger, court le risque de tomber dans deux écueils inévitables :

Ou s'abaisser à des questions mesquines dans lesquelles l'amour-propre peut paraître jouer le principal rôle, ou laisser périr entre ses mains cette part d'autorité et de respect dont doit être entouré, de la part de tous, le représentant du pouvoir exécutif.

CHAPITRE XXXI.

DU TIRAGE AU SORT.

Tous les ans, un décret fixe l'époque du tirage au sort pour toute la France.

Ce jour-là, tous les sous-préfets doivent commencer leur tournée, à peine de nullité ; ils fixent leur itinéraire comme ils l'entendent ; mais le jour du départ doit être le même partout et pour tous ; le ministre verrait avec regret qu'ils se fissent remplacer. A moins d'empêchement réel et constaté, ils doivent procéder au tirage en personne, revêtus de tous les insignes de leurs fonctions.

C'est qu'il s'agit pour eux d'une des opérations les plus importantes ; non-seulement parce qu'elle engage leur responsabilité et intéresse un grand nombre de familles, mais parce qu'elle met le sous-préfet en contact avec les populations et en rapport direct avec tous ses maires.

L'opération du tirage, par elle-même, n'est pas exempte de difficultés.

Pour y procéder en toute sécurité, il faut se bien pénétrer de la loi du 21 mars 1832 sur le recrutement de l'armée, et lire avec attention l'instruction du ministère de la guerre, en date du 26 novembre 1845, qui trace pas à pas la marche à suivre par les sous-préfets.

Avec ces guides certains, l'on est à peu près sûr de ne pas s'égarer. Toutefois, il y a en dehors des prévisions de la loi des questions de la nature la plus délicate, qu'il n'a pas été donné au législateur de résoudre, et qu'il n'est pas possible d'ajourner à l'époque du conseil de révision.

Il faut donc prononcer : le public est présent, les jeunes gens intéressés à la solution de la question attendent avec anxiété la décision du sous-préfet, les maires qui assistent au tirage peuvent et doivent être consultés ; mais, peu familiarisés avec cette matière, ils donnent rarement un avis utile qui n'enchaînerait pas d'ailleurs la décision du sous-préfet ; c'est donc à ce dernier qu'il appartient de trancher la question, seul, séance tenante, sous sa propre responsabilité.

Or, je l'ai déjà dit, pour donner toute garantie à la justice et à la sincérité des opérations, la séance est publique, et il y a chez les gens de la campagne un tel bon sens, qu'ils jugent de suite avec un instinct merveilleux de l'homme et du mérite de sa décision.

Si le sous-préfet hésite, se trouble, s'embarrasse, il est perdu dans leur esprit ; il lui sera difficile de s'en relever : cet incident fait l'objet de toutes les conversations, et chacun s'en retourne dans son village, en mettant fort en doute la capacité de son premier magistrat.

Mais si le sous-préfet, calme et tranquille, comme un homme qui a saisi du premier coup d'œil le point de la difficulté, expose le cas qui se présente avec clarté, le met à la portée des plus vulgaires intelligences, le résume avec impartialité et prononce en donnant tout haut les motifs de sa décision, le public, juge de son langage, de son raisonnement, de son attitude, ratifie presque toujours son jugement, et se retire pénétré d'estime et de respect pour celui qui l'a prononcé.

Et qu'on ne s'y trompe pas, cette épreuve se renouvelle souvent, et je n'ai point encore vu un seul tirage où cette circonstance ne se soit présentée une ou deux fois.

L'opération matérielle du tirage une fois terminée, le sous-préfet doit s'approcher de chacun de ses maires, et s'entretenir avec eux de tout ce qui peut intéresser leurs communes.

C'est encore une épreuve difficile : un maire de campagne vient à vous et vous demande où en est la réclamation, faite par son conseil, d'un chemin, d'un pont, d'une maison d'école. Il faut répondre : si vous n'êtes pas au courant de ce qui se passe dans vos bureaux, comment faire ? N'espérez pas échapper aux difficultés de cette situation en répondant par quelques paroles banales ou par quelques promesses évasives : votre interlocuteur, qui est plein de son sujet, parce qu'il n'a qu'une affaire dans la tête, voit tout de suite si vous savez ce qu'il veut vous dire, et malheur à vous si vous l'ignorez : vous êtes irrévocablement jugé !

Les sous-préfets échapperont à cet écueil en se faisant remettre une note exacte des affaires de chaque canton, à mesure qu'ils les parcourent ; cette revue annuelle, en les mettant à même de parler de toutes leurs affaires en connaissance de cause, a également pour résultat de n'en laisser dormir aucune dans les cartons, et c'est ainsi qu'une mesure de précaution, bien minime en apparence, concourt à la considération des agents du pouvoir et à la prompte expédition des affaires.

Dans l'intervalle qui sépare le tirage de l'heure du dîner, le sous-préfet peut employer utilement son temps en visitant les divers établissements publics du pays : l'hospice, l'église, la prison, la maison d'école ; ces visites ont toujours un but excellent ; elles amènent quelquefois une réforme salutaire ; elles sont en général fort appréciées : on sait gré à un sous-préfet de chercher à tout voir par lui-même, de prendre note de toutes les améliorations que réclame chaque localité, d'en presser l'exécution, et, quand il revient l'année suivante, on aime à lui en adresser ses félicitations. C'est par cette voie, c'est en étendant sa sollicitude à toutes les branches de son administration, qu'on établit avec tous ses administrés ces bonnes et durables relations dont le Gouvernement profite, qui suivent un fonctionnaire jusque dans sa retraite, et qui font souvent sa consolation.

La journée se termine ordinairement par un banquet où figurent quelques maires de campagne et les diverses autorités locales. Ces dîners d'apparat sont souvent bien longs et bien nombreux, mais enfin ils sont donnés pour le sous-préfet, et à son occasion ; il est juste qu'il se montre sensible à cette politesse. Un homme qui a l'habitude du monde a peu de frais à faire pour paraître aimable ; mais encore faut-il qu'il s'en donne la peine, et, s'il n'y met pas une certaine bonne grâce, mieux vaudrait pour lui qu'il n'acceptât pas une invitation qui jette dans des frais des personnes honorables qui n'y sont pas obligées.

Je sais que beaucoup de sous-préfets préfèrent ce dernier parti, et se bornent la plupart du temps à faire strictement leur tirage ; je ne puis que le regretter, en faisant des vœux pour que le Gouvernement puisse donner quelque encouragement à ce côté élevé et vraiment politique de l'administration.

Le moyen serait fort simple : ce serait d'exiger qu'après la tournée du tirage, chaque sous-préfet adressât au préfet, pour être transmis au ministre, un rapport détaillé sur les points qui ont été particulièrement l'objet de ses investigations.

CHAPITRE XXXII.

DU CONSEIL DE RÉVISION.

Après le tirage, qui a lieu dans les premiers jours du mois de mars, vient la tournée de révision, qui se fait vers le mois de mai.

Une loi, votée par les Chambres, appelle tous les ans, en temps de paix, 80,000 hommes sous les drapeaux.

Un décret fait tirer au sort tous les jeunes gens formant la classe de chaque année.

Un arrêté du préfet en conseil de préfecture détermine le nombre d'hommes qui sera fourni par chaque canton, eu égard au nombre de jeunes gens inscrits. Enfin, une nouvelle circulaire détermine l'époque où les conseils de révision examineront les jeunes gens qui ont pris part au tirage au sort, et choisiront parmi eux les 80,000 hommes destinés à l'armée.

Le conseil est composé du préfet, du général, d'un conseiller de préfecture, d'un conseiller général, d'un conseiller d'arrondissement.

Il se transporte dans chaque canton; on appelle un à un tous les jeunes gens qui ont tiré au sort, en commençant par le numéro 1er; on les fait examiner par un médecin spécial, et le préfet, au nom du conseil, les déclare propres ou impropres au service, suivant qu'ils sont jugés valides ou invalides, ou placés dans un des cas prévus par l'article 13 de la loi du 21 mars 1832, pour être exemptés du service militaire.

Cette opération se continue ainsi jusqu'à ce que le conseil ait atteint le nombre d'hommes valides que le canton doit fournir à l'armée.

A l'exception des contrées où les races sont chétives et abâtardies, telles que les villes de fabrique et les campagnes stériles et pauvres, il est rare que le conseil épuise le contingent pour trouver le nombre d'hommes voulu par la loi : le préfet prononce donc la libération définitive de tous ceux dont le numéro n'a pas été atteint, et l'assemblée se sépare au bruit des acclamations de ceux que le sort a protégés, et des larmes aussi bien souvent de ceux qui devront s'arracher aux bras d'une mère, d'une sœur, et quelquefois d'une femme, pour aller servir le pays.

On ne saurait donc entourer cette opération de trop de garantie, et c'est dans ce but que la loi a voulu que ce fussent le premières autorités du département, assistées des élus du pays, qui prononçassent en pareille matière.

Quelques personnes ont eu l'idée de modifier cette loi : l'on a agité dans les Chambres, et ailleurs, la question de savoir s'il ne serait pas préférable d'intervertir l'ordre du tirage et de la révision; en d'autres termes, de faire précéder l'opération du tirage d'une révision qui aurait pour résultat d'éliminer tous les jeunes gens que leurs infirmités ou leurs exemptions de famille dispensent du service militaire, et de n'admettre au tirage que les hommes propres au service, pour qui la décision du sort serait souveraine.

Ce système, qui a quelque apparence de justice, serait d'une application difficile.

D'abord, il mettrait le conseil de révision dans la nécessité d'examiner tous les hommes, ce qui serait beaucoup plus long; ensuite ce triage d'hommes, si juste qu'il fût, paraîtrait certainement suspect et soulèverait des réclamations. Il arriverait souvent que des hommes, placés dans la catégorie du tirage au sort, se refuseraient de recourir à cette dernière voie de salut, qui ne leur offrirait plus que peu de chances favorables, et il faudrait en arriver à des moyens rigoureux pour les y contraindre ou les remplacer.

Non, respectons ce qui est: les populations l'ont accepté sans murmure, c'est beaucoup. Il ne suffit pas de faire des lois justes en principe, il faut d'abord qu'elles soient praticables, il faut ensuite qu'elles passent dans les mœurs : la loi du recrutement de l'armée a pour elle cet avantage ; il faut le lui conserver en la maintenant.

Je ne sache rien de plus ingénieux et qui plaise plus au caractère français que cette urne où tous les hommes du même âge, à quelque condition, à quelque rang qu'ils appartiennent, viennent invoquer leur sort : quelques-uns font le signe de la croix ; d'autres ne s'approchent qu'en tremblant, d'autres en bravant le sort; s'ils réussissent, ils se retirent heureux et satisfaits; s'ils échouent, ils n'en accusent que la fortune !

Mais un espoir leur reste! c'est la révision! C'est là qu'ils viennent étaler leurs infirmités ; écoutez-les, tous sont d'un tempérament faible et débile ; mais le docteur est inflexible. Voyez alors avec quelle complaisance ils se prêtent à toutes les épreuves que le conseil leur fait subir, avec quelle docilité ils supportent les plus humiliantes investigations, avec quelle anxiété ils attendent leur arrêt. Souvent une infirmité qu'ils ignorent vient à leur secours et les sauve ; c'est une chance qu'ils n'espéraient pas, qui les soutient et qu'il faut leur laisser !

J'en reviens au rôle du sous-préfet.

Ici, ce rôle est secondaire, cependant il importe de le connaître et de n'en négliger aucune partie.

Aux termes de l'article 15 de la loi du 21 mars 1832, le sous-préfet assiste au conseil, où il a voix consultative.

Il est entendu chaque fois qu'il le désire : il devra donc étudier à l'avance la position légale de chaque homme ; ne signer les certificats d'exemption que lorsqu'ils sont revêtus des caractères d'authenticité que la loi exige, et être en mesure de donner au conseil tous les éclaircissements désirables. Là se borne sa mission : toute autre influence exercée sur le conseil serait condamnée, pourrait amener des conflits fâcheux, et n'eût-elle pour résultat que de faire partir un homme à la place d'un autre, ce serait une iniquité qu'il suffit d'énoncer pour être certain que tous les honnêtes gens s'en préserveront.

Au chef-lieu de son arrondissement, le sous-préfet a des obligations d'une autre nature à remplir : il faut qu'il reçoive le préfet, le général et le conseil de révision, et qu'il leur donne un dîner où doivent se trouver réunies les principales autorités de la ville.

A cet effet, il est d'usage que le sous-préfet adresse, dès le jour où l'itinéraire du conseil de révision est fixé, une invitation personnelle à tous les membres du conseil, individuellement; c'est-à-dire, au préfet, au général, au conseiller de préfecture, au sous-intendant militaire, au membre du conseil général, au membre du conseil d'arrondissement, au capitaine de recrutement, au chirurgien-major, à l'officier de gendarmerie et au chef du bureau militaire qui accompagne le préfet : c'est ordinairement dix personnes en tout.

Quelques sous-préfets se bornent à une invitation *collective*, d'autres font leurs invitations de *vive voix*; le mode que nous indiquons est le plus conforme aux convenances, et celui qui, dans la pratique, a paru réunir le plus de suffrages.

Restent les invitations à faire dans la ville : ces invitations peuvent être plus ou moins étendues, suivant le nombre de convives que l'on désire avoir : au nombre des invités, il convient d'avoir de préférence le président du tribunal civil, le maire, le commandant de la garde nationale, le procureur de la république, le receveur particulier des finances, l'ingénieur, le conservateur des hypothèques, le directeur des contributions indirectes, les membres du conseil général ou du conseil d'arrondissement résidant au chef-lieu; en un mot, toutes les personnes qui, à raison du rang qu'elles occupent, doivent former l'entourage du premier magistrat du département.

Enfin, avant de clore ce chapitre, un mot sur les places à assigner à chacun.

Le choix des places à une table n'est point une chose de fantaisie; ce choix doit être au contraire l'objet des plus grandes préoccupations d'un maître ou d'une maîtresse de maison.

A un dîner d'autorités, chaque place est tellement marquée d'avance, et le droit de chacun à l'occuper doit être tellement pesé, à raison de son rang, de son âge, de sa supériorité relative, qu'il n'est pas possible de placer indifféremment le moindre des convives sans manquer aux lois de l'étiquette, et blesser peut-être les plus justes susceptibilités.

Nous n'entrerons pas dans de plus grands détails; c'est un point à recommander à toute l'attention des sous-préfets : voilà tout.

Nous nous garderons bien de parler également de l'ordonnance du dîner : chacun, sur ce point, fait les choses comme il l'entend ; nous nous bornerons à dire en passant que les sous-préfets traitent en général, dans cette circonstance, avec un luxe et une profusion qui est loin d'être en rapport avec leur traitement.

La soirée se termine par une réunion d'hommes, si le sous-préfet est garçon ; par une soirée de dames, s'il est marié. Toutefois, il est bon de consulter les convenances du préfet sur ce point. A la suite d'une tournée qui ne dure pas moins d'un mois, le conseil est si fatigué que c'est quelquefois un service à lui rendre que de lui donner la liberté.

CHAPITRE XXXIII.

DES ANNIVERSAIRES.

A chaque changement de Gouvernement, il y a un anniversaire que toutes les autorités doivent célébrer avec la plus grande solennité.

A cet effet, une messe d'actions de grâces est ordinairement chantée dans toutes les églises.

Tous les fonctionnaires sont convoqués à cette cérémonie : inutile de dire que c'est un devoir pour eux de s'y rendre.

Quoi qu'il en soit, beaucoup se dispensent d'y venir, et ni les préfets, ni les sous-préfets n'ont le pouvoir de les y contraindre ; cela est regretable ; il ne devrait être permis à aucun fonctionnaire de se soustraire à des obligations de cette nature, sans un motif légitime et par écrit.

C'est au clergé qu'il appartient de fixer l'heure de la cérémonie, par des lettres closes adressées au préfet ou au sous-préfet, au président du tribunal et au maire.

Chacun ensuite de ces fonctionnaires convoque les autorités plus spécialement placées dans leurs attributions.

C'est ainsi que le maire adresse des lettres de convocation à tous les membres du conseil municipal et à tous les employés de la mairie; le président, à tous les membres du tribunal et aux officiers ministériels; le préfet et le sous-préfet, à tous les chefs de service des diverses administrations; ces derniers convoquent à leur tour les employés sous leurs ordres.

Aux termes de l'article 7, section 3, titre Ier, du décret sur les préséances, *toutes les autorités appelées aux cérémonies publiques doivent se réunir chez la personne qui occupe le premier rang dans les préséances* (textuel).

Malheureusement c'est encore un usage tombé en désuétude dans beaucoup de localités, et un préfet ou un sous-préfet qui voudrait le faire revivre de sa seule autorité courrait le risque de n'être pas obéi.

La magistrature la première a donné l'exemple de cette séparation, en demandant au garde des sceaux l'autorisation de se rendre directement et de son côté à l'église. Voilà une première atteinte portée à la loi par ceux-là même qui sont chargés de la faire respecter.

Cet exemple ne pouvait manquer de trouver des imitateurs : le conseil municipal, sur lequel le pouvoir exécutif n'a aucune action, a élevé, dans certaines villes, la prétention de ne se réunir qu'à l'Hôtel-de-Ville; enfin, quelques préfets et sous-préfets, pour couper court à toutes difficultés, ont accepté l'Hôtel-de-Ville comme un terrain neutre et s'y rendent de leur personne.

Toutes ces variations d'étiquette n'ont pas au fond une grande importance, mais elles ont l'inconvénient de placer le fonctionnaire qui trouve cet usage établi dans la nécessité ou de s'y conformer, ce qui n'est pas régulier, ou de s'y soustraire, ce qui soulèverait contre lui toutes les tempêtes de la localité : une circulaire émanée du Gouvernement pourrait seule mettre un terme à ces prétentions diverses.

La marche des fonctionnaires dans les cérémonies publiques a été également prévue dans l'article 8, section 3, titre Ier, du même décret.

Il y est dit (textuel) que la personne à laquelle la *préséance est due, aura toujours à sa droite celle qui doit occuper le second rang, à sa gauche celle qui doit occuper le troisième.*

Ces trois personnes forment la première ligne du cortége.

Les trois personnes suivantes, la deuxième ligne, et ainsi de suite.

En vertu de cet article, le président (lorsqu'il y est) prend la droite du sous-préfet, le maire la gauche; voilà pour la première ligne.

Quant à la deuxième ligne et à toutes celles qui suivent, il est impossible de fixer le rang des fonctionnaires entre eux, le décret étant muet à leur égard : c'est un pêle-mêle contre lequel se récrient et avec raison toutes les autorités. C'est donc un point qui aurait encore besoin d'être réglementé.

A l'église, la manière dont les diverses autorités doivent être placées a été encore prévue par les articles, 9, 10, 11 et 12, section 4, titre Ier, du même décret.

Ces articles sont ainsi conçus :

Art. 9. Il y aura, au centre du local destiné aux cérémonies civiles ou religieuses, un nombre de fauteuils égal à celui des princes, dignitaires ou membres des autorités nationales qui auront droit d'y assister ; aux cérémonies

religieuses, lorsqu'il y aura un prince ou un grand dignitaire, on placera devant lui un prie-dieu, avec un tapis et
un carreau ; en l'absence de tout prince dignitaire ou
membre des autorités nationales, *le centre sera réservé,*
et personne ne pourra s'y placer.

Les généraux de division commandant des divisions territoriales,

Les premiers présidents de cours d'appel,

Les archevêques,

} seront placés à droite.

Les préfets (1),

Les présidents de cours criminelles,

Les généraux de brigade commandant un département,

Les évêques,

} seront placés à gauche.

Le reste du cortége sera placé en arrière.

Art. 10. Lorsque, dans les cérémonies religieuses, il y
aura impossibilité absolue de placer dans le chœur de l'é-
glise la totalité des membres des corps invités, lesdits
membres seront placés dans la nef et dans un ordre ana-
logue à celui des chefs.

Art. 11. Néanmoins, il sera réservé, de concert avec
les évêques ou les curés et les autorités civiles et militaires, le plus de stalles qu'il sera possible ; elles seront
destinées de préférence aux présidents et procureurs im-
périaux des cours ou tribunaux, aux principaux officiers
de l'état-major de la division et de la place, à l'officier
supérieur de gendarmerie et aux doyen et membres des
conseils de préfecture.

---

(1) Si le préfet était conseiller d'Etat, il prendrait rang avant tous les fonctionnaires placés à droite.

Art. 12. La cérémonie ne commencera que lorsque l'autorité qui occupera la première place aura pris séance.

Cette autorité se retirera la première.

Enfin, l'article 13 indique l'escorte de troupes de ligne ou de gendarmerie qui devra accompagner le cortége.

L'article 11, section 1re, titre XVII, dispose :

Lors des fêtes et cérémonies publiques, une garde d'honneur de trente hommes de troupes de ligne, commandée par un officier, accompagnera le préfet, de la préfecture au lieu de la cérémonie, et l'y reconduira.

Art. 12. A défaut de troupes de ligne, le capitaine de gendarmerie sera tenu de fournir au préfet, sur sa réquisition, une escorte de deux brigades au moins, commandée par un officier.

Art. 13. Lorsque le préfet, accompagné du cortége ci-dessus, passera à portée d'un corps de garde, les troupes prendront et porteront les armes ; le tambour sera prêt à battre.

Voilà la législation.

Nous l'avons passée en revue, parce qu'elle est peu connue, et surtout peu observée : chaque préfet, et sous-préfet suit ordinairement les traditions de son prédécesseur, et ces traditions varient à l'infini.

Les uns se rendent aux cérémonies publiques, en voiture, d'autres à pied ; ceux-ci viennent seuls, ceux-là en corps ; quelques-uns réclament une escorte, d'autres s'en passent ; dans certaines villes, d'ailleurs, où il n'y a ni troupe de ligne, ni garde nationale, la gendarmerie est réclamée par le tribunal ; il ne reste à la disposition du cortége que la compagnie de pompiers : c'est donc encore une partie qui aurait besoin d'être réglée.

Et qu'on se garde de croire que ce cérémonial soit une chose sans portée ; il importe plus qu'on ne pense de présenter, dans quelques circonstances solennelles, tout le corps des autorités groupé et réuni, revêtu des insignes de ses diverses fonctions, et donnant au peuple, témoin de ce spectacle, l'idée de l'union et de la force du Gouvernement.

Il n'importe pas moins de mettre un terme à mille petites rivalités dont ces cérémonies sont la source, et qui n'existeront plus le jour où le Gouvernement assignera à chacun le rôle et la place qui lui appartient.

On passe souvent aussi une revue de troupes : c'est une cérémonie à laquelle doivent assister les préfets et sous-préfets ; leur rôle ne consiste pas seulement à voir défiler des troupes, ils doivent encore ici payer de leur personne.

S'entretenir avec les chefs de corps, complimenter les troupes sur leur belle tenue, s'arrêter devant un soldat mutilé, le questionner sur ses faits d'armes, s'incliner devant les chevrons d'un vieux militaire, ou devant sa décoration, trouver dans son cœur quelques accents naturels qui entraînent le dévouement et la confiance, voilà ce qu'on attend de tous ceux à qui est réservé l'honneur d'une inspection

Toutes ces attentions paraissent puériles, et la plupart des fonctionnaires dédaignent d'y descendre ; ils ont tort, car rien ne plaît plus à l'esprit français !

Quelques chefs de corps se sont refusés à faire défiler leurs troupes devant les autorités civiles, par le motif qu'ils ne devaient cet honneur qu'aux autorités militaires. Il a été décidé qu'aux termes d'une ordonnance royale, du 25 avril 1839, cet honneur n'était rigoureusement dû qu'aux chefs militaires, mais que l'usage et les convenances exigeaient que, lorsque les autorités civiles s'y trouvaient, le chef de corps cédât la droite au préfet ou au sous préfet.

Je ne parlerai pas du programme des fêtes qui ont lieu à l'occasion des anniversaires : ce programme, arrêté par la mairie, doit être communiqué à l'avance aux préfets et sous-préfets, et recevoir leur approbation. Un motif d'ordre public exige cette précaution, et les préfets et sous-préfets doivent rendre compte au ministre, dans la huitaine, de tous les événements de cette journée.

CHAPITRE XXXIV.

DE LA RÉUNION DES CONSEILS D'ARRONDISSEMENT.

Les conseils d'arrondissement ont été supprimés, mais comme ils ont toujours fonctionné, et qu'ils existent encore, j'ai cru devoir en parler.

L'époque de l'ouverture des sessions des conseils d'arrondissement était fixée tous les ans par une ordonnance royale.

Ce jour-là (c'est ordinairement vers la fin de juillet), tous les conseils d'arrondissement doivent se réunir, dans toute la France, à peine de nullité.

Voici en quoi consistent leurs attributions : elles sont écrites dans la loi du 10 mai 1838.

ART. 39.

La session ordinaire du conseil d'arrondissement se divise en deux parties : la première précède et la seconde suit la session du conseil général.

Art. 40.

Dans la première partie de la session, le conseil d'arrondissement délibère sur les réclamations auxquelles donnerait lieu la fixation du contingent de l'arrondissement dans les contributions directes; il délibère également sur les demandes en réduction de contributions formées par les communes.

Art. 41.

Le conseil d'arrondissement donne son avis :

1° Sur les changements proposés à la circonscription du territoire de l'arrondissement, des cantons et des communes, et à la désignation de leurs chefs-lieux ;

2° Sur le classement et la direction de chemins vicinaux de grande communication ;

3° Sur l'établissement et la suppression ou le changement des foires et marchés ;

4° Sur les réclamations élevées au sujet de la part contributive des communes respectives dans les travaux intéressant à la fois plusieurs communes ou les communes et le département ;

5° Et généralement sur tous les objets sur lesquels il est appelé à donner son avis, en vertu des lois et règlements, ou sur lesquels il serait consulté par l'administration.

Art. 42.

Le conseil d'arrondissement *peut* donner son avis :

1° Sur les travaux de routes, de navigation, et autres

objets d'utilité publique qui intéressent l'arrondissement;

2° Sur le classement et la direction des routes départementales qui intéressent l'arrondissement;

3° Sur les acquisitions, aliénations, échanges, constructions et reconstructions des édifices et bâtiments destinés à la sous-préfecture, au tribunal de première instance, à la maison d'arrêt ou à d'autres services publics spéciaux à l'arrondissement, ainsi que sur les changements de destination de ces édifices;

4° Et généralement sur tous les objets sur lesquels le conseil général est appelé à délibérer, en tant qu'ils intéressent l'arrondissement.

Art. 43.

Le préfet communique au conseil d'arrondissement le compte de l'emploi des fonds de non-valeurs, en ce qui concerne l'arrondissement.

Art. 44.

Le conseil d'arrondissement peut adresser directement au préfet, par l'intermédiaire de son président, son opinion sur l'état et les besoins des différents services publics, en ce qui concerne l'arrondissement.

Art. 45.

Dans la seconde partie de la session, le conseil d'arrondissement répartit entre les communes les contributions directes.

Art. 46.

Le conseil d'arrondissement est tenu de se conformer,

dans la répartition de l'impôt, aux décisions rendues par le conseil général sur les réclamations des communes.

Faute, par le conseil d'arrondissement, de s'y être conformé, le préfet, en conseil de préfecture, établit la répartition d'après lesdites décisions.

En ce cas, la somme dont la contribution de la commune déchargée se trouve réduite, est répartie, au centime le franc, sur toutes les autres communes de l'arrondissement.

Art. 47 et dernier.

Si le conseil d'arrondissement ne se réunissait pas, ou s'il se séparait sans avoir arrêté la répartition des contributions directes, les mandements des contingents assignés à chaque commune seraient délivrés par le préfet, d'après les bases de la répartition précédente, sauf les modifications à apporter dans les contingents, en vertu des lois.

Ces huit articles de loi contiennent toutes les attributions des conseils d'arrondissement; leur rôle se borne donc à peu près, comme on le voit, à faire des vœux et à donner des avis; aucune dépense ne peut être votée par eux, à la différence des conseils généraux et des conseils municipaux; c'est qu'aussi un sous-préfet n'a point de budget, tandis qu'un préfet, un maire, disposent, l'un du budget du département, l'autre du budget de la commune, et que chacun d'eux est tenu d'en rendre compte annuellement à son conseil.

Cette part inégale faite aux conseils d'arrondissement et aux sous-préfets, a été souvent critiquée; il serait sans doute possible d'agrandir le cercle étroit dans lequel doivent se renfermer les délibérations du conseil; toutefois, y intro-

duire la réforme véritable, la seule importante que réclament les conseils, changerait leur constitution du tout au
tout.

Il ne s'agirait de rien moins que de donner aux conseils
d'arrondissement un droit *d'initiative* dans les dépenses
de l'arrondissement, de créer, par suite, un budget particulier pour l'arrondissement, et d'en donner la gestion au
sous-préfet, qui serait tenu d'en rendre compte. Il est hors
de doute qu'une administration n'existe qu'à cette condition, et que, depuis le ministre qui administre le budget de
l'Etat, jusqu'au maire qui administre le budget de sa commune, administrer n'est pas autre chose que de disposer
des deniers publics, et d'en rendre compte aux représentants, soit de l'Etat, du département, de l'arrondissement
ou de la commune.

Quoi qu'il en soit, une loi existe, notre premier devoir
est de nous y soumettre; voyons seulement comment elle
est exécutée.

Aussitôt que le sous préfet a reçu officiellement l'ordonnance relative aux conseils d'arrondissement, il convoque,
par une lettre particulière, chacun des membres, à la sous-
préfecture, pour le jour fixé par l'ordonnance royale.

Ce jour-là, le conseil est ordinairement au complet, mais
c'est le seul jour, car, quoique la durée de la session puisse
être de quinze jours, il est rare qu'elle dépasse les limites
de la première journée.

Quant à la seconde partie de la session, personne ne se
rend à la convocation du sous-préfet, ou, si quelques membres plus exacts ou habitant le chef-lieu tentent de se
réunir, il est rare qu'ils soient en nombre suffisant pour
délibérer.

Je signale cette petite négligence presque universelle, et je dois aussi en faire connaître les inconvénients.

De toutes les attributions du conseil d'arrondissement quelle est la plus importante?

C'est incontestablement la répartition des contributions entre toutes les communes.

Eh bien! c'est précisément l'objet dont les conseils d'arrondissement s'occupent le moins ; je pourrais ajouter, pour être plus exact, dont ils ne s'occupent pas du tout.

Le motif, le voici :

La répartition des impôts entre toutes les communes d'un arrondissement ne peut se faire que lorsque le conseil général a fixé lui-même la répartition entre tous les arrondissements du département ; or, la première session du conseil d'arrondissement précède l'ouverture de la session du conseil général ; ce n'est donc que dans la seconde session qu'il est possible au conseil de s'occuper de cette répartition, but principal de son institution, puisque ce n'est qu'à ce moment qu'il connaît le chiffre du contingent attribué à l'arrondissement dans les contributions par le conseil général.

Il faudrait donc de toute nécessité, ou intervertir l'ordre des sessions entre le conseil général et le conseil d'arrondissement, ou bien remplir son mandat jusqu'au bout en se réunissant deux fois à la sous-préfecture.

L'article 47, déjà cité, de la loi du 10 mai 1838 a pourvu, je le sais, à cet inconvénient; mais l'expérience que j'ai acquise dans la pratique des affaires me permet d'avancer ici qu'il existe dans la répartition des impôts qui pèsent sur les communes des inégalités telles que les conseils d'arrondissement manqueraient à leurs plus impérieux devoirs, s'ils se refusaient plus longtemps à se livrer à un examen que la loi leur a confié, et que leurs concitoyens sont en droit d'exiger d'eux.

Maintenant, pour répondre à l'empressement des membres du conseil d'arrondissement, entrons avec eux en séance.

Le sous-préfet donne d'abord lecture de l'ordonnance de convocation; il reçoit ensuite le serment des conseillers nouvellement élus; puis il déclare la session ouverte.

A cet instant, le conseil doit procéder à la nomination de son président et de son secrétaire.

Quand cette opération est terminée, le sous-préfet donne lecture de son rapport.

Ces rapports sont communiqués au ministre de l'intérieur; ils peuvent traiter de tout, la loi ne leur assignant pas de limites. Toutes les questions à l'ordre du jour peuvent donc être examinées par eux avec plus ou moins d'étendue. Dans notre pensée, c'est un hors-d'œuvre qui a le tort de détourner l'attention du conseil d'objets beaucoup plus utiles, et qui rentrent plus spécialement dans leurs attributions.

Le conseil d'arrondissement n'a qu'un jour à vous donner; il veut donc qu'on aille vite en besogne : parlez-lui de ses chemins, de ses écoles, de ses impôts, il vous écoutera avec intérêt; hors de là, vous courez le risque ou de le fatiguer, ou de lui déplaire.

Nous ne voulons certainement pas tracer ici un modèle de ces rapports : la forme peut en varier à l'infini; nous dirons seulement qu'après les longueurs, ce qu'il faut le plus soigneusement éviter, ce sont les phrases vides et creuses, qui n'apprennent rien et ne vont pas droit au but.

Un rapport n'est pas un discours ; or, le langage des affaires doit être bref, simple et clair, exempt de lieux communs, et basé sur la logique des chiffres et la puissance des faits ; voilà tout.

S'il pouvait être utile de préciser davantage la forme à adopter dans ce genre de travail, nous dirions que le rapport au conseil d'arrondissement peut être divisé en deux parties :

La première, qui, prenant un à un chaque vœu exprimé l'année précédente par le conseil, rendrait compte de la solution donnée par le conseil général ;

La seconde, qui, s'appliquant aux affaires nouvelles, appellerait pour la première fois l'attention du conseil.

Cette division a l'avantage de faire saisir du premier coup d'œil, au conseil d'arrondissement, les affaires anciennes et les affaires nouvelles, les vœux exaucés et ceux qui ne le sont pas, et de le mettre à même d'insister de nouveau, s'il le juge convenable, pour obtenir satisfaction.

Lorsque le sous-préfet a terminé la lecture de son rapport, le président propose ordinairement au conseil de lui voter des remercîments pour les soins qu'il apporte dans la gestion des affaires de l'arrondissement, et l'insertion en est faite au procès-verbal.

Puis le conseil reprend successivement chaque article du rapport, le met en délibération, et le secrétaire fait mention du vote au compte rendu de la séance.

Je n'ai pas besoin d'ajouter que le conseil peut aussi, sur la proposition d'un de ses membres, mettre en délibération un objet qui n'aurait point été traité dans le rapport du sous-préfet.

La seule condition imposée est de ne point sortir de ses

attributions : en dehors de ces limites, toute délibération serait annulée.

A la suite d'une aussi laborieuse journée, le sous-préfet réunit ordinairement tous les membres du conseil d'arrondissement à sa table; c'est un moyen de prolonger la discussion d'une manière plus aimable. La plus franche cordialité préside ordinairement à ces réunions, et bien des affaires n'ont dû leur solution qu'à ce supplément de séance, où les hommes fraternisent davantage, où les oppositions tendent à se rapprocher, où l'on se quitte après s'être mieux connus et mieux appréciés.

Aussi le dîner donné au conseil d'arrondissement nous paraît le complément nécessaire de la session ; il forme, avec le dîner donné au conseil de révision, les deux grandes occasions, pour un sous-préfet, de réunir les principales autorités du pays, et, à moins de circonstances particulières, il n'est pas permis de les laisser échapper !

Heureux si, pour prix de ses efforts, le sous-préfet peut espérer que chacun se retirera satisfait, et, s'il a la consolation de voir qu'après avoir été honoré de la confiance du Gouvernement, il a su conquérir aussi celle du pays qu'il administre.

CHAPITRE XXXV.

DU PASSAGE DU ROI ET DES PRINCES

Le décret du 24 messidor an XII a déterminé la conduite qu'auraient à tenir les préfets et sous-préfets, lors du passage du roi ou des princes.

Voici comment sont conçus les articles 21, 22 et suivants, section 2, titre III, dudit décret :

ART. 21.

Dans les voyages que Sa Majesté fera, et qui auront été annoncés par les ministres, sa réception aura lieu de la manière suivante :

ART. 22.

Le préfet viendra, accompagné d'un détachement de gendarmerie et de la garde nationale du canton, la recevoir sur la limite du département.

Chaque sous-préfet viendra pareillement la recevoir sur la limite de son arrondissement.

Les maires des communes l'attendront chacun sur la limite de leurs municipalités respectives ; ils seront accompagnés de leurs adjoints, du conseil municipal et d'un détachement de la garde nationale.

Art. 23.

A l'entrée de Sa Majesté dans chaque commune, toutes les cloches sonneront. Si l'église se trouve sur son passage, le curé ou desservant se tiendra sur la porte en habits sacerdotaux, avec son clergé.

Art. 24.

Dans les villes où Sa Majesté séjournera ou s'arrêtera, les autorités et les fonctionnaires civils et judiciaires seront avertis de l'heure à laquelle ils seront présentés à Sa Majesté par l'officier du palais, à qui ces fonctions sont attribuées.

Art. 27.

Lorsque Sa Majesté aura séjourné dans une ville, les mêmes autorités qui l'auront reçue à l'entrée se trouveront à sa sortie pour lui rendre leurs hommages, si elle sort de jour.

Tels sont les honneurs dus à une tête couronnée, lorsque le voyage est annoncé officiellement.

Voyons maintenant ceux qu'on doit rendre aux princes. L'article 13, section 2, titre V, dispose :

Lorsque les princes voyageront dans les départements, et qu'il aura été donné avis officiel de leur voyage par les ministres, il leur sera rendu les honneurs ci-après :

Art. 14.

Les maires et adjoints les recevront à cent cinquante pas en avant de l'entrée de leur commune, et si les princes doivent s'y arrêter ou y séjourner, les maires les conduiront au logement qui leur aura été destiné; dans les villes, un détachement de la garde nationale ira à leur rencontre à deux cent cinquante pas en avant du lieu où le maire les attendra.

Art. 15.

Dans les chefs-lieux de département et d'arrondissement, les préfets ou sous-préfets se rendront à la porte de la ville pour les recevoir.

Art. 16.

Ils seront complimentés par les fonctionnaires et autorités mentionnés au titre Ier, art. 1er. (Ce sont le préfet, les sous-préfets, les présidents, les maires.)

Les cours d'appel s'y rendront seulement par députation composée du premier président, du procureur général et de la moitié des juges; les autres cours et tribunaux s'y rendront en corps.

Art. 17.

Lorsqu'ils sortiront d'une ville dans laquelle ils auront séjourné, les maires et adjoints se trouveront à la porte par laquelle ils devront sortir, accompagnés d'un détachement de la garde nationale.

Enfin, lorsqu'il s'agit du passage d'un ministre, le même décret dispose, articles 3 et 4, section 2, titre VII, que les

maires les attendront à la porte de la ville ; qu'un détachement de la garde nationale ira au-devant d'eux jusqu'au
faubourg, ou, s'il n'y en a pas, à cent cinquante pas en
avant de la porte ; que les cours d'appel les visiteront par
une députation composée d'un président, procureur général
ou subsitut et le quart des juges, les autres cours et tribunaux, par une députation composée de la moitié du tribunal ; qu'enfin les maires et adjoints iront, au moment de
leur départ, prendre congé d'eux dans leur logis.

Voilà l'état de la législation ; nous l'avons rappelé ici,
parce que toutes ces prescriptions sont encore en vigueur,
et qu'il arrive encore quelquefois qu'elles ne sont point
observées.

Il résulte de la comparaison de ces dispositions entre
elles que, lorsque le voyage d'un roi a été annoncé officiellement, le devoir des préfets et sous préfets est de se trans-
porter sur la limite : les préfets, de leur département,
les sous-préfets, de leur arrondissement.

Que s'il s'agit au contraire du voyage des princes, également officiellement annoncé, ils doivent se borner à les
recevoir à la porte de la ville.

Nonobstant ces prescriptions, l'usage, ici d'accord avec
les convenances, a décidé que les préfets et sous-préfets
se porteraient à la rencontre des princes comme du roi
aux limites de leur département et arrondissement, et, à
moins d'ordre contraire, il importe de s'y conformer.

L'article 16, section 2, titre V, autorise aussi certaines
autorités à *complimenter* le roi ou les princes à leur passage.

Ces harangues officielles demandent beaucoup de tact
et d'à-propos. Elles sont ordinairement communiquées à

l'avance ; elles doivent donc être écrites et non improvisées : le respect qu'elles expriment sous des formes diverses doit être formulé dans des termes dont il n'est pas permis de s'écarter, et suivant que ces hommages s'adressent à un roi, à un prince ou à une princesse, ils empruntent un langage particulier que l'étiquette a consacré, et qu'il n'est pas permis d'ignorer.

Après les discours, ont lieu les présentations. L'ordre dans lequel ces présentations doivent avoir lieu est également réglé par la loi au titre des préséances :

Les princes français ;
Les grands dignitaires ;
Les cardinaux ;
Les ministres ;
Les grands officiers de l'empire ;
Les sénateurs ;
Les conseillers d'État en mission ;
Les grands officiers de la Légion d'honneur ;
Les généraux de division ;
Les premiers présidents de cour d'appel ;
Les archevêques ;
Les préfets ;
Les présidents des cours de justice criminelle ;
Les généraux de brigade commandant le département ;
Les évêques ;
Les commissaires généraux de police ;
Le président du collége électoral (dix jours avant et après la session) ;
Les sous-préfets ;
Les présidents des tribunaux de première instance ;

Le président du tribunal de commerce ;

Les maires ;

Les commandants d'armes ;

Les présidents des consistoires.

Les corps sont présentés dans l'ordre suivant :

Les membres des cours d'appel ;

Les officiers de l'état-major de la division (non compris les aides de camp qui suivent immédiatement) ;

Les membres des cours criminelles ;

Les conseils de préfecture (non compris le secrétaire général qui accompagne le préfet) ;

Les membres des tribunaux de première instance ;

Le corps municipal ;

Les officiers de l'état-major de la place ;

Les membres du tribunal de commerce ;

Les juges de paix ;

Les commissaires de police.

Le plus souvent, le roi ou les princes voyageant descendent à l'hôtel de la préfecture : la réception, pour être digne de ces augustes hôtes, n'a pas besoin d'étaler un luxe inusité ; il suffit qu'elle soit attentive et prévoyante, que les convenances des princes soient consultées, leurs désirs prévenus, leurs ordres ponctuellement exécutés : c'est la meilleure manière de rendre l'hospitalité agréable, en même temps que c'est pour le préfet et pour sa maison un honneur dont ils gardent longtemps le souvenir,

Il est une gracieuseté que les princes ne manquent jamais de faire au public, dans la personne de leur premier magistrat : c'est d'admettre le préfet soit dans leur voiture, lorsqu'ils arrivent, soit dans leur loge, lorsqu'ils vont au spectacle.

Les fonctionnaires à qui un pareil honneur est réservé
ont trop l'habitude du monde et des convenances pour
qu'il soit besoin de dire ici et l'attitude qu'ils doivent
prendre et le langage qu'ils doivent tenir. C'est une affaire
de goût et de tact : voilà tout.

CHAPITRE XXXVI.

DES DISCOURS PRONONCÉS DANS LES DISTRIBUTIONS DE PRIX.

Au nombre des attributions des préfets et des sous-préfets, il faut placer tous les ans l'honneur de présider les distributions de prix.

Cet honneur les oblige à deux choses toujours difficiles, se donner en spectacle au public, et y jouer un rôle assez délicat, qui consiste à prononcer chaque année un ou plusieurs discours sur le même sujet sans se répéter.

L'écueil n'est pas toujours facile à éviter : l'auditoire est composé de parents venus de tous côtés pour voir couronner leurs enfants, d'élèves assez impatients d'entrer en vacance, de professeurs fort érudits et par cela même peu indulgents, en un mot de l'élite de la société : il faut trouver le moyen, je ne dirai pas de plaire, mais de se faire supporter par ce public qu'agitent des dispositions si diverses.

Le meilleur moyen d'échapper aux dangers de cette position, c'est de se pénétrer de cette pensée que les préfets et les sous-préfets n'ont pas pour mission de faire des discours, encore moins d'être éloquents, mais d'ajouter à l'éclat de la fête en la présidant; on aime à voir dans ces solennités le premier magistrat du pays, voila tout : qu'un professeur fasse donc un discours académique, il est dans son rôle, mais un préfet et sous-préfet ne doit faire qu'une allocution.

Cette allocution doit être paternelle, courte surtout, et faite sans prétention : quelques préfets et sous-préfets l'improvisent; ceux qui sont en état de le faire, le peuvent : l'improvisation plaît précisément parce qu'elle est exempte de préparation; mais il ne faut pas rester en chemin, car, pour éviter un ridicule, on tomberait dans un autre : il vaut mieux en général écrire; c'est plus sûr; et cela est parfaitement autorisé par la circonstance.

Il en est de même de toutes les allocutions que les préfets et sous-préfets sont obligés de prononcer dans les comices agricoles, dans toutes les réunions publiques, dans tous les banquets dont ils ont la présidence, dans l'inauguration des monuments publics; le style en doit être simple et sévère, aussi exempt d'emphase que de trivialité.

Un bon administrateur peut n'être point un orateur, et réciproquement; mais il doit toujours être un homme de bon sens, et doué de ce tact particulier que donne la connaissance des hommes à ceux qui ont le pouvoir et le talent de les observer.

CHAPITRE XXXVII.

DE LA PRÉSIDENCE DES DIVERSES COMMISSIONS ADMINISTRATIVES.

Le sous-préfet est le président né de toutes les commissions établies par la loi, qui se réunissent à diverses époques de l'année à la sous-préfecture, sur sa convocation ; il a, en outre, presque toujours la présidence des commissions d'enquête instituées par le préfet pour toutes les questions d'utilité publique ; il doit, plus qu'aucun autre, faire une étude particulière des diverses affaires soumises par lui à l'appréciation des commissions ; il doit enfin, dans certaines circonstances, prendre la parole avec dignité, en présence du président du tribunal, du procureur du roi, des membres du conseil général, du maire, du curé de la ville, en un mot de toutes les principales autorités ; c'est assez dire que, pour ne pas rester au-dessous de son rôle, il faut qu'un sous-préfet apporte dans ses fonctions de président autant de tenue et de gravité que de facilité à s'exprimer.

Dans l'examen des affaires, il a un autre devoir à remplir : c'est de diriger la discussion, sans jamais la laisser s'égarer : il doit d'abord exposer avec clarté l'objet mis en délibération, donner à chacun la parole à son tour ; puis, quand toutes les opinions se sont produites, quand la question est épuisée, la résumer avec lucidité et la mettre aux voix : comme président, il a voix prépondérante en cas de partage.

Enfin, pour terminer sur ce point, si son devoir est de maintenir aux diverses commissions leur droit absolu de contrôle et d'avis sur toutes les affaires qui leur sont soumises, son devoir aussi l'oblige à veiller à ce que les commissions n'empiètent pas sur l'action de l'administration.

Administrer est le fait d'un seul, délibérer est le fait de plusieurs.

CHAPITRE XXXVIII.

DES RAPPORTS AVEC LA PRÉFECTURE.

Les sous-préfets sont placés sous les ordres immédiats des préfets, ils reçoivent d'eux l'impulsion sur toutes les affaires ; c'est assez dire qu'ils ne doivent avoir sur les hommes et sur les choses de leur arrondissement d'autre opinion que la leur, et suivre en tout point leurs inspirations.

Il est bien entendu pourtant que, sans vouloir contrecarrer les vues de son préfet, un sous-préfet peut sur toute chose émettre son avis avec indépendance ; placé sur les lieux mêmes, au milieu des hommes qu'il fréquente et qu'il juge, il peut se faire souvent une opinion plus juste des questions qui s'élèvent dans son arrondissement, et il se doit à lui-même de la faire connaître ; mais il faut que ces observations, qui ont pour but de ramener l'opinion du préfet qui a pu être égarée, soient faites avec discrétion et réserve, et n'aillent pas jusqu'à vouloir imposer à un chef une autre manière de voir que la sienne. Les hommes s'avouent rarement à eux-mêmes qu'ils se trompent, ils l'avouent encore plus difficilement aux autres, et, pour rendre cet aveu possible, il faut y mettre autant de tact et de prudence que d'abnégation et de modestie.

Ce n'est qu'à ces conditions qu'un sous-préfet peut vivre heureux, se maintenir dans sa position, et y exercer une salutaire influence :

Si au contraire un sous-préfet se trouve en désaccord avec son préfet, si ce fait se renouvelle souvent, et s'il parvient à la connaissance du public, c'en est fait du crédit, de la considération d'un sous-préfet ; sa position même n'est plus possible dans le pays ; s'il y reste, il n'a entre les mains qu'un simulacre de pouvoir : un sous-préfet dont les avis ne sont plus adoptés par le préfet, qui se voit désavoué, n'a plus autre chose à faire qu'à se retirer.

On voit donc combien il est important que la bonne intelligence existe entre eux ; car l'expérience de tous les temps nous apprend que la victime est presque toujours le plus faible.

Quand, au contraire, il existe entre le préfet et le sous-préfet une grande conformité de vues, quand il y a de part et d'autre sympathie et rapports bienveillants, quand enfin un sous-préfet a su inspirer à son supérieur une confiance réelle dans sa gestion par la sagesse empreinte dans sa correspondance et dans toutes ses propositions, il est rare qu'un préfet ne s'en rapporte point complétement à son expérience et à ses lumières, et ne lui abandonne pas la direction presque absolue de son arrondissement.

C'est alors qu'un sous-préfet est véritablement le représentant du Gouvernement ; qu'il peut donner à tous les

administrés la garantie de son influence, qu'il jouit enfin
d'une considération méritée aussi nécessaire au fonctionnaire pour sa satisfaction légitime, qu'au pouvoir pour son
action et le poids de ses décisions.

CHAPITRE XXXIX.

DU ROLE POLITIQUE D'UN SOUS-PRÉFET.

Nous avons dit qu'il y avait dans un sous-préfet deux hommes : l'homme politique, l'administrateur.

Comme administrateur, nous avons vu le sous-préfet dans son cabinet, avec ses employés, avec ses maires, ayant des rapports de tous les instants avec ses administrés, dans toutes les parties de son arrondissement. Nous l'avons vu, à certaines époques de l'année, procédant au tirage, assistant à la tournée de révision, réunissant le conseil de révision, présidant les comices, les distributions de prix, les diverses commissions administratives, et devant faire preuve, dans tous ces rôles divers, de connaissance et d'érudition : il nous reste à le voir comme homme politique.

Ce rôle, si difficile à définir, qui peut mettre celui qui le remplit à la merci d'un succès ou d'un revers, a jusqu'ici prévalu dans l'opinion publique sur le rôle de l'administrateur, et nous pensons que c'est à tort.

Un bon administrateur n'est pas plus à dédaigner qu'un homme politique habile.

Seulement il y a telle époque, il y a telle localité où il importe d'avoir à la tête de l'administration un homme politique, il y a telle autre où il convient d'avoir un administrateur.

L'opinion qui tendrait à faire prévaloir le rôle politique sur le rôle administratif en tout temps, en tout lieu, est une opinion absolue que je ne cesserai de combattre, parce que je la crois injuste en principe, et qu'elle pourrait devenir, dans l'application, funeste aux intérêts du pays.

A mesure que nous avancerons dans l'ordre et la paix, le rôle politique de l'administration ira en s'amoindrissant ; en revanche, à mesure que le mouvement des affaires, des grands travaux se fera de plus en plus sentir, il deviendra plus urgent d'avoir à la tête des départements des hommes qui comprennent leurs besoins, qui y travaillent sans relâche, et qui concourent utilement au développement de toutes les améliorations que le calme permet de réaliser.

Reconnaissons-le donc ; nous touchons au jour où l'administration l'emportera sur la politique, où l'on aura à s'occuper moins des hommes que des choses, et où il faudra donner partout et avant tout satisfaction aux intérêts matériels du pays.

Ce jour-là il faudra des administrateurs !

Et qu'on se garde de croire que, s'il est possible de former des administrateurs, il ne l'est pas de faire des hommes politiques ; en d'autres termes, que, si l'administration s'enseigne, la politique ne s'enseigne pas : c'est une erreur.

La politique est la science des hommes, l'administration est la science des choses ; l'une est le fruit de l'étude, l'autre de l'observation : toutes deux ont besoin, sans doute, pour être complètes, des leçons de l'expérience ; mais toutes deux peuvent puiser d'utiles enseignements dans la théorie.

Qu'est-ce maintenant que le rôle politique d'un sous-préfet ?

Nous ne parlerons pas des élections des députés, des conseils généraux, des conseils d'arrondissement, des conseils municipaux ; nous avons déjà dit qu'un pareil sujet ne pouvait être convenablement traité ici.

Le rôle politique d'un sous-préfet consiste à étudier l'esprit de son arrondissement, à aller au-devant de ses besoins, à se plier même à ses exigences.

Dans telle ville, il faut faire de l'administration de salon ; dans telle autre, de l'administration de bureau ; là favoriser l'agriculture, ici l'industrie.

Partout, c'est une affaire de goût et de tact ; mais c'est par là qu'un sous-préfet pénètre peu à peu dans l'esprit de ses administrés, qu'il gagne leur confiance et qu'il les amène à venir d'eux-mêmes le consulter.

Voilà le triomphe de la politique d'un sous-préfet ; mais pour nous, cette politique c'est encore de l'administration ! de l'administration intelligente et élevée, mais c'est de l'administration.

Oui, je le reconnais, cette partie de l'administration est la plus difficile ; il n'est donné qu'à quelques hommes d'élite de savoir étudier les hommes, et d'arriver à les diriger ; mais si cette tâche est difficile pour ceux qui ont étudié l'administration et qui la pratiquent, combien ne

l'est-elle pas davantage pour ceux qui l'ignorent? On espère
y suppléer avec du dévouement, on se trompe. « Surtout,
Messieurs, point de zèle, disait M. de Talleyrand aux
jeunes diplomates qui l'entouraient. » C'est par du calme,
du sang-froid, de l'étude et de l'esprit de conduite qu'on
arrive à prendre de l'empire sur les esprits.

Mais, je ne crains point de le répéter, tout cela ne se
devine pas, tout cela a besoin d'être appris, d'être étudié;
ce n'est qu'à force d'observations, en se plaçant à certains
points de vue, qu'on arrive à se pénétrer de la réalité de
son rôle, et qu'on acquiert enfin cette expérience des
hommes et des affaires qu'il est indispensable à un sous-
préfet de posséder.

Nous ne terminerons pas sans faire une dernière observation qui s'adresse à tous les hommes qui ont entre les
mains une part d'autorité quelconque.

On n'est un homme politique qu'à la condition de se dé-
pouiller de toutes les passions qui agitent l'homme, et de
s'interroger chaque fois que l'on agit pour savoir si c'est le
fonctionnaire qui obéit au sentiment impérieux de ses devoirs, ou qui cède à l'entraînement de l'orgueil, de l'a-
mour-propre, de la vengeance ou de la vanité blessée.

Si j'interrogeais l'histoire, je verrais que les plus grands
hommes de toutes les nations n'ont point été exempts de
ces fautes ; qu'elles ont quelquefois terni l'éclat de leur
belle vie, et je suis profondément convaincu qu'ils l'ont
vivement regretté.

Aussi j'adjure, en terminant, tous ceux qui peuvent
prendre une mesure sous l'empire de ces sentiments, de
bien se consulter pour savoir si l'homme avec ses ran-
cunes, ne vient pas prendre la place du fonctionnaire, et

s'il leur est malheureusement démontré que de pareilles passions pourraient bien jouer un rôle dans la décision qu'ils vont rendre, de l'ajourner jusqu'à ce que le calme leur ait permis d'en juger plus froidement les conséquences. On croit agir au nom de l'intérêt public, on se trompe souvent, et l'on peut être certain de faire une faute irréparable.

C'est par cette dernière recommandation que je veux clore ce travail.